Bansok

편입시험에 잘 나오는 문법
[완성편]

저 자 선맹수
발행인 고본화
발 행 반석출판사
2012년 1월 1일 초판 1쇄 인쇄
2012년 1월 5일 초판 1쇄 발행
반석출판사 | www.bansok.co.kr
이메일 | bansok@bansok.co.kr
트위터 | @bansok_books

157-779 서울시 강서구 염창동 240-21 우림블루나인 비즈니스센터 B동 904호
대표전화 02) 2093-3399 **팩 스** 02) 2093-3393
출 판 부 02) 2093-3395 **영업부** 02) 2093-3396
등록번호 제 315-2008-000033호

Copyright ⓒ 선맹수

ISBN 978-89-7172-660-0 (13740)

값 15,000원

megaUT 인강교재
편입시험에
잘 나오는
Master Course
문법

편입영어시험에서 문법은 대학마다 차이가 있지만 평균적으로 볼 때 20% 정도 출제되고 있습니다. 작년에 세종대는 문법을 무려 약 44%나 출제했습니다. 서강대는 약 18%, 고려대는 약 14%, 이화여대는 딱 10%를 출제했습니다. 다른 영어시험에서 문법이 차지하는 비중과 비교해 본다면 대단히 높은 비율입니다.

한성대와 인하대를 제외하고 모든 대학에서 문법이 출제되고 있습니다. 한성대도 과거에는 문법을 출제했었는데 최근에는 출제하지 않고 있습니다. 인하대는 전통적으로 문법을 출제하지 않는 대학으로 유명합니다. 서강대는 거꾸로 과거에는 문법을 출제하지 않았는데 최근에 와서 출제하고 있습니다.

그리고 문법 문제의 난이도가 점점 높아지고 있습니다. 우선 문제 길이가 대체적으로 매우 길어지고 있고, 숙어를 정확히 알아야 풀리는 문제도 있고, 해석을 해봐야만 풀리는 문제도 있습니다. 특히, 학생들뿐만 아니라 선생님들도 어려워하는 관사나 전치사 문제가 다수 출제되고 있습니다.

그러나 문법 문제는 과거에 출제된 문제가 반복해서 출제되는 경우가 많습니다. 예를 들어, 홍익대에서는 가정법 문제가 2년 연속으로 출제되었고, 한국외대에서는 to-부정사의 시제 문제가 2년 연속으로 출제되었습니다. 그리고 출제되는 내용도 과거에 출제된 내용에서 벗어나지 않습니다. 예를 들어, 고등학교 때 다들 어려워했던 화법에 관한 문제가 편입에서는 계속 출제되지 않고 있습니다.

그래서 기출문제가 중요합니다. 기출문제 분석을 통해서 편입시험에 반복해서 출제되는 문법이론만 마스터한다면 결코 편입문법도 어렵지 않습니다. 이 책은 15년이 훨씬 넘는 기간 동안에 출제되었던 기출문제들을 직접 풀어가면서 편입시험에 출제되는 문법이론을 쉽고 빠르게 정리할 수 있도록 제작된 〈최단기 편입기출문법 종결자〉라고 할 수 있습니다.

그리고 이 책은 메가스터디가 설립한 메가편입학원의 인강과 현강에서도 만나보실 수 있습니다. 강의를 직접 들으면서 이 책을 공부하시면 훨씬 더 이해가 잘 됩니다. 강의를 직접 못 들으시는 분들은 공부하다 이해가 안 되는 부분이 나오면 메가편입학원 홈페이지(www.megaut.com)에 들어오셔서 제 블로그의 학습 Q&A에 글을 올려주시기 바랍니다. 성심성의껏 답변해 드리겠습니다. 감사합니다.

2011년 12월 12일
저자 선맹수

Contents

1 이 책은 기존의 다른 책과 다르게 각 단원별로 실제 편입시험에 출제되는 내용만을 엄선했습니다. 수험생 여러분의 목표는 문법의 대가가 되는 것이 아니라 시험에 합격하는 것이기 때문에 시험에 나오는 문법만 공부하시면 됩니다. 시험에 나오는 문법만 공부합시다.

2 이 책은 편입문법의 완성을 위한 책입니다. 그래서 문법 기초가 전혀 없는 분들은 우선 〈편입시험에 잘 나오는 문법(기본편)〉을 먼저 보시기 바랍니다. 이 책도 메가편입학원의 인강과 현강에서 만나보실 수 있습니다.

3 이 책 앞부분에 편입영어시험의 최신 출제경향이 분석되어 있습니다. 시험에 빨리 합격하기 위해서는 출제경향을 먼저 정확하게 파악해서 출제경향에 맞는 학습법을 선택하는 것이 무엇보다도 중요합니다. 수험생이라면 꼭 읽어보시기 바랍니다.

4 이 책은 메가편입학원의 인강과 현강에서 교재로 채택되었습니다. 인강이나 현강을 들으면서 공부하시면 훨씬 더 쉽고 빠르게 마스터할 수 있습니다. 강의도 같이 들어주실 것을 적극 추천합니다.

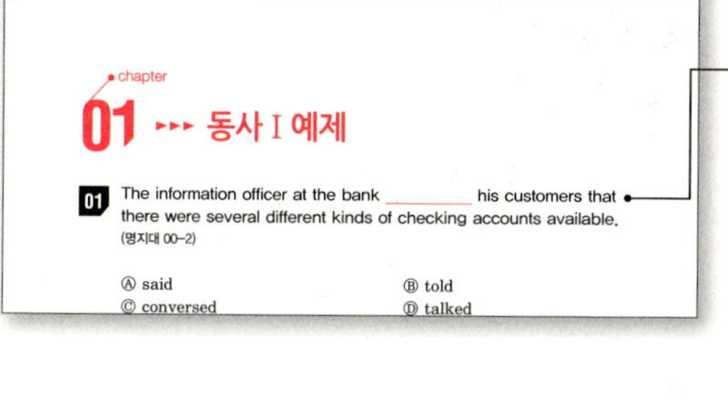

각 단원의 관련된 예제로 실제 기출문제를 최대한 많이 실었습니다. 기출문제를 풀어보시면서 문법 이론이 어떻게 문제화되는지 즉, 출제패턴을 익히셔야 합니다. 편입시험에서는 이러한 출제패턴이 정해져 있습니다. 출제패턴을 알아야 문제를 풀 때 출제의도를 제대로 파악할 수 있습니다.

각 단원마다 앞부분에 **Check Point**를 정리했습니다. 이것만 읽어보시면 앞으로 공부할 단원의 핵심내용을 미리 한눈에 알 수 있습니다. 일종의 네비게이션의 역할을 해 줄 것입니다.

각 단원마다 뒷부분에 관련된 기출숙어를 수록했습니다. 최근 숙어와 관련된 문법 문제가 자주 등장하고 있습니다. 그리고 독해를 잘 하기 위해서도 숙어를 알아야 합니다. 특히, 기출숙어에서 많이 출제되고 있습니다. 그래서 기출숙어는 반드시 익혀야겠습니다.

편입 문법 분석 및 출제 경향

1. 문법 문제 문항 수 분석표(최근 7년간의 상위권 8개 대학)

아래에 나와 있는 표는 최근 7년 동안에 상위권 8개 대학에서 문법 문제가 몇 문항이 출제되었는지를 보여주고 있습니다. 이 표를 통해서 문법 문제가 차지하는 비중을 한눈에 알 수 있습니다.

예를 들어, 고려대 2010-1 같은 경우에 19/70이라고 표시되어있는 것은 총 70문항 중에서 문법 문제가 19문항 출제되었다는 뜻입니다.

서강대의 경우에 2005-1과 2006-1에 0/40로 표시되어 있는 것은 총 40문항 중에서 문법 문제가 전혀 출제되지 않았음을 나타내고 있고, 2009-1에서는 6|9/40로 표시되어 있는 것은 시험이 두 가지 유형으로 출제되어 한 유형에서는 총 40문항 중에서 문법 문제가 6문항 출제되고 다른 유형에서는 9문항이 출제되었다는 뜻입니다.

빈칸은 시험이 실시되지 않았거나, 혹은 설령 실시되었다고 하더라도 대학 측에서 문제를 공개하지 않았음을 나타내고 있습니다.

대학 (가나다) \ 년도	2005-1	2005-2	2006-1	2007-1	2008-1	2009-1	2010-1	2011-1
경희대	13/50		12/50	11/50	7/60	10/60	8/60	8/60
고려대	10/70	10/70	10/70	10/70	10/70	10/70	19/70	10/70
서강대	0/40		0/40	5/40	9/40	6|9/40	9/40	7/40
성균관대	6/50		8/50	5/50	5/50	5/50	5/50	5/50
이화여대						6/50	4/50	5/50
중앙대	7/40	8/40	6/40	6/40	4/40	4/40	4/40	4/40
한국외대	8/44		8/44	8/44	8/44	8/44	8/44	7/50
한양대	9/45		8/45	7/40	5/45	4/45	4/40	6/45

2. 편입시험 출제경향 분석(최근 2년간의 상위권 8개 대학)

1. 2010년 편입시험 출제경향 분석

❶ 고려대(KUET)

고려대는 총 70문항이 출제되었다. 문법, 관용어구, 논리완성, 독해 문제가 출제되었는데, 가장 두드러진 특징은 작년에 10문항이 출제되었던 문법 문제가 올해는 19문항이나 출제되었다는 것과 작년에 17문항이나 출제되었던 동의어를 묻는 어휘 문제가 올해는 전혀 출제되지 않았다는 것이다. 그리고 처음으로 독해 문제에 graph분석이 출제되었다는 것도 눈에 띄는 점이라고 할 수 있겠다.

문법은 19문항이나 출제되었다. 그러나 수업에 충실했다면 누구나 무난하게 풀 수 있는 수준이었다. 출제된 유형은 관계사, 대명사, worth와 worthy의 차이, 분사, either와 each의 차이, many의 용법, 사역동사, 2형식으로 쓰이는 go, 〈3형식 동사 + 대명사목적어 + 부사〉, 가정법, '대부분'이라는 뜻의 most의 용법, too ~ to 부정사 구문, what ~ like, not so much A as B, 부정사의 의미상 주어, 전치사였다.

❷ 서강대

서강대는 총 40문항이 출제되었다. 관용어구, 동의어, 논리완성, 문법, 독해 문제가 출제 되었는데, 눈에 띄는 점은 어휘 문제에서 작년에 세 문항이 출제되었던 A:B=C:D의 관계를 묻는 analogy(유추)문제가 올해는 전혀 출제되지 않았고, 문법 문제에서 punctuation(구두점)의 사용에 관한 문제가 세 문항이나 출제되었다는 것이다.

문법은 9문항이 출제되었다. 문제의 길이가 무척 길고, 평소에 사소하게 취급하던 punctuation(구두점)이 출제되어 어렵게 느껴졌다. 출제된 유형은 관계절의 구조, 전치사, 관사, 명사의 수, 법, 구와 절의 차이, 관계사의 계속적인 용법, 콜론(:)과 세미콜론(;)의 차이였다.

병렬 구조, 전치사 다음의 동명사와 동명사의 소유격 의미상 주어, 비교대상의 일치, 유사 관계대명사 as와 대동사, 문의 구성에 관한 것이었다.

❺ 성균관대

성균관대는 종전과 마찬가지로 제한시간 90분에 5지선다형으로 50문항 출제됐고, 〈오전〉, 〈오후〉로 나누어 시행됐다. 어휘와 문법에서 난이도 높은 문제가 출제되지 않아 쉽게 풀 수 있었으며, 논리완성도 주어진 지문이 짧고 간단한 단어의 쓰임을 묻는 문제들이 출제돼 크게 어렵게 느껴지지 않았다.

문법은 밑줄 문제가 5문항이 출제됐으며 대체로 어려운 문법적 지식을 요구하지 않아 큰 어려움 없이 풀 수 있는 문제들이었다. 출제된 유형으로는 가정법 과거, 주어와 동사의 수일치, 대명사의 수일치, 관계대명사 what 등이었다.

❻ 중앙대

중앙대는 60분에 40문항이 출제됐다. 문법의 경우 작년과 마찬가지로 No error가 보기에 있어 정답을 고르는데 혼란을 주었고, 어휘 및 논리완성 문제에서 고급어휘들이 출제됐다. 논리완성은 단문과 중·장문 유형이 골고루 출제됐고, 독해의 경우 장문의 독해지문이 대부분이었다.

문법은 밑줄 문제가 4문항이 출제됐다. 출제된 유형으로는 전치사 but 다음의 목적격, 과거시제의 일치, neither A nor B 구문에서 B와 동사의 수일치 등이었다. 작년과 마찬가지로 보기에 No error가 포함되어 있었지만 기본적인 문법사항을 숙지하고 있다면 쉽게 풀 수 있는 수준이었다.

❼ 한국외대(FLEX)

한국외대는 60분에 50문항이 출제됐고 작년과 달리 6문항이 증가했다. 특히 올해 한국외대의 경우 예년에 시행해왔던 편입시험 유형이 아닌 한국외대 고유의 시험인 FLEX

(Foreign Language Examination) 유형으로 출제되어 새로운 유형에 대한 철저한 대비가 필요하였다. 예년과 달리 생활영어 문제는 출제되지 않았고, 어휘 문제의 비중이 증가했으며, 재진술(paraphrasing) 문제가 새롭게 추가됐다. 문항당 배점이 다르고, 특히 독해 문제의 비중과 배점이 커서 짧은 시간 내에 빨리 독해지문의 내용을 파악하고 정답을 도출할 수 있어야 고득점을 기대할 수 있었다.

문법은 빈칸 문제 5문항, 밑줄 문제 1문항, 정·비문 1문항으로 총 7문항이 출제됐다. 작년과 달리 빈칸 문제의 비중이 증가했다. 출제된 유형으로는 사역동사 have를 이용한 5형식의 어순, 부정 문미 부사 either, 비율 앞에 붙는 전치사 at, 〈too + 형용사 + a(n) + 명사〉의 어순, 조동사 dare 다음의 동사원형, 간접의문문, hard와 hardly의 구분, 가정법 과거완료의 주절의 형태, 부가의문문에서 대명사의 일치에 관한 것이었다. 문장의 구조가 복잡하지 않아 기본적인 문법사항을 숙지하고 있으면 쉽게 풀 수 있는 수준이었다.

❽ 이화여대

이화여대는 총 50문항에 100분의 시간에 주어져 상위권 대학 중에서는 시험 시간이 가장 여유로웠다. 동의어 및 반의어 문제가 14개나 되고, 독해 파트에서도 어휘 문제가 상당수 포함되어 있어서 경희대와 마찬가지로 어휘의 비중이 매우 높았지만 난이도는 그리 높지 않았다. 총 5문항이 출제되었던 문법도 평이한 수준의 문제들이었다. 논리는 총 10문항이 출제되었는데, two blanks 문제가 절반이나 차지했지만 제시문이 비교적 짧고 난해하지 않은 내용이어서 문맥을 파악하는데 큰 어려움은 없었다. 독해는 순서 재배열문제를 포함해서 작년과 같이 총 21문항이 출제되었고, 난이도도 지난해와 비슷했다.

문법은 밑줄 문제가 5문항 출제됐다. 출제된 유형은 비교문에서의 비교대상의 병렬 구조, 분사, 관계절의 구조, 가정법이었다.

동사란 〈사람·사물의 움직임이나 상태를 나타내는 말〉로 문장을 구성하는 가장 핵심적인 요소이기 때문에 어떤 사람들은 동사를 verb라고 부르지 않고 center라고 부르기도 한다. 동사는 목적어나 보어를 취하느냐, 취하지 않느냐에 따라 1형식 동사부터 5형식 동사까지 5가지의 종류로 나누어진다.

Chapter 01

동사 I

01 ▸▸▸ 동사의 5가지 종류

1 1형식 동사: 목적어나 보어를 취할 수 없다. 단, 부사는 취할 수 있다. 완전자동사라고도 한다.

> S + V1 + (부사)
> Babies can't walk **(fast)**.

참고 1형식 동사도 준보어는 취할 수 있다. 준보어는 주어의 상태나 동작의 결과를 나타낸다.

- She died **young**.
  그녀는 죽었을 때 젊었다(즉, 젊어서 죽었다).
- She died **a great writer**.
  그녀는 죽었을 때 위대한 작가였다(즉, 위대한 작가로 죽었다).

2 2형식 동사: 보어(주격보어)를 취한다. 보어로 명사, 형용사, 형용사와 같은 역할을 하는 〈of + 추상명사〉를 취할 수 있다. 불완전자동사라고도 한다.

> S + V2 + C

- He is **a scholar**.
- The book is **greatly important**.
- The book is **of great importance**.

3 3형식 동사: 목적어를 취한다. 완전타동사라고도 한다.

> S + V3 + O
> This suit fits you.
> 이 옷은 너에게 맞다.

참고 3형식 동사도 준보어는 취할 수 있다. 준보어는 목적어의 상태나 동작의 결과를 나타낸다.

- They painted the walls **blue**.
  그들이 벽을 칠했는데 파란색이었다(즉, 파란색으로 칠했다).

4 4형식 동사: 목적어를 두 개나 취한다. 첫 번째 목적어 자리에는 주로 사람이 오고, 두 번째 목적어 자리에는 사물이 온다. '주다'의 뜻을 나타내는 동사가 많기 때문에 수여동사라고도 한다. 전치사를 써서 3형식으로 바꿀 수 있다.

> S + V4 + O1 + O2 ⇒ S + V3 + O2 + 전치사 + O1
>
> The Swedish Academy awarded **him the Nobel Prize**.
> ➡ The Swedish Academy awarded **the Nobel Prize to him**.
> 스웨덴 학회는 그에게 노벨상을 수여했다.

참고 3형식으로 바꿀 수 없는 동사도 있다.

- cost, envy, forgive, save 등

5 5형식 동사: 목적어와 보어(목적격보어)를 취한다. 목적어와 보어를 다 취할 수 있는 유일한 동사이다. 불완전타동사라고도 한다.

> S + V5+ O + C
> The people elected **George Washington President**.
> 국민은 죠지워싱턴을 대통령으로 선출했다.

02 ▸▸▸ 중요한 1형식 동사

+ matter 중요하다

Your age doesn't **matter**.

 count

- Every minute **counts**. 중요하다
  시간은 중요하다.
- Don't **count** your chickens before they are hatched. 수를 세다
  (떡 줄 사람 생각하지도 않는데) 김칫국부터 마시지 마라.

+ pay 돈이 잘 벌리다, 수지가 맞다

This business **pays**.

 '지불하다'란 뜻으로 쓰이는 경우

- I **paid** money to him.
  나는 그에게 돈을 지불했다.
- I used my credit card to **pay for** dinner.
  나는 신용카드로 식사비를 지불했다.

+ do 좋다, 충분하다 충분하다

Any book **will do** provided it is interesting.
어떤 책이든 재미만 있다면 다 좋다.

 조동사 will이 붙는다.

비교 do + job / work / homework : V3 하다

- He **did** a really good job.

03 ▸▸▸ 전치사가 붙는 중요한 1형식 동사

+ account for

1 Please **account for** your conduct. 설명하다
네 행동을 설명해 보아라.

2 Idleness **accounts for** poverty. ~의 원인이다
게으름은 가난의 원인이다.

3 Their orders **account for** 30 percent of our annual revenues. 차지하다
그들의 주문이 우리 연간수입의 30%를 차지한다.

+ agree to / with / on [about] 동의하다, 일치하다

I **agreed to** his proposal.

I **agreed with** him.

We **agreed on** his proposal.

+ consist of / in

My family **consists of** four people. ~로 구성되다

Happiness **consists in** contentment. ~에 있다
행복은 만족에 있다.

> **비교** be composed [comprised] of ~로 구성되다
> - Newton argued that light **is composed of** particles.
>   뉴턴은 빛이 입자들로 구성되어있다고 주장했다.

+ graduate from ~를 졸업하다

He **graduated from** Korea University in 2008.

 be graduated from ~를 졸업하다
• He **was graduated from** Korea University in 2008.

+ object to ~에 반대하다

He **objected to** the proposal.

+ result in / from

My efforts **resulted in** success. ~의 결과로 되다
나의 노력이 성공의 결과를 낳았다.

Success **resulted from** my efforts. ~로부터 생기다
성공은 나의 노력으로부터 가능했다.

+ speak [talk] to / with / of

I'll **speak to** her about it. ~에게 말하다

It's a pleasure to **speak with** you all today. ~와 말하다
오늘 여러분 모두와 이야기를 하게 된 것은 기쁜 일입니다.

Speak of the devil, and he will appear. ~에 대해 말하다
호랑이도 제 말하면 온다.

 say 말하다
• He **said that** our economy had made "great progress" under this President.
그는 우리 경제가 이 대통령 통치 아래서 큰 발전을 이룩했다고 말했다.

 tell
• He **told us that** our economy had made "great progress" under this President. 말하다
• I **told him to go** on. 명령하다, 시키다
나는 그에게 계속 하라고 명령했다.

 assure / convince / inform / tell / warn + 사람 + of ~ / that S + V

- He **convinced me of** his honesty.
- He **convinced me that** he was honest.
  그는 나에게 자신이 정직하다는 사실을 확신하게 했다.

+ interfere with / in

Homework **interfered with** my social life. ~를 방해하다
숙제가 나의 사회생활을 방해했다.

He **interfered in** another person's affairs. ~에 간섭하다
그는 다른 사람의 일에 끼어들었다.

+ arrive at / in ~에 도착하다

He **arrived at** Boston station.
We **arrived in** New York City.

04 ▸▸▸ 중요한 2형식 동사

+ be ~이다, ~하다

Phillip Manning **is** a paleontologist.
필립매닝은 고생물학자이다.

Paper **is** greatly useful.
Paper **is** of great use.

+ 지각 [감각] 동사: feel, look, see, sound, smell, taste 등

I am **feeling** hungry in the middle of the night.

비교 5형식으로 쓰이는 경우

- I felt something **creep [creeping]** on the back.
  나는 무엇인가가 등에 기어가는 것을 느꼈다.
- I felt myself **lifted** up.
  나는 내 자신이 들어 올려지는 것을 느꼈다.

+ remain

The basic meaning of it **remains** the same. (지금, 항상) ~한 상태이다
그러한 기본적인 의미는 항상 같다.

It **remains** to be seen. (앞으로) ~해야 한다
그것은 앞으로 두고 보아야 한다.

+ appear (=seem) ~처럼 보이다

It **appears** that he is wise.

➡ He **appears** (to be) wise.
그는 현명해 보인다.

+ 변화동사: become, come, go, run, fall

1 become + 명사 / 형용사 ~하게 되다

He has **become** a teacher.

비교 1형식과 3형식으로 쓰이는 경우

- What will **become of** her? ~에게 일어나다
  무슨 일이 그녀에게 일어날까?
- The new shirt **becomes** you. ~에게 어울리다
  새 셔츠가 너에게 어울린다.

2 come + 명사 / 형용사 / to V ~하게 되다

He **came** to realize it.
그는 그것을 깨닫게 되었다.

 1형식으로 쓰이는 경우

- She **came** of age.
  그녀는 성년이 되었다.

3 come true /(all) right / to / easy 바람직한 상태로 되다
go dead / mad / bankrupt / blind 바람직하지 못한 상태로 되다

The work will **come** easy with a little practice.
조금만 연습하면 그 일은 쉬워질 것이다.

The line **went** dead.
전화선이 불통되었다.

비교 1형식으로 쓰이는 경우

- May I **come** in?
- I will have to **go** to my uncle's house for his birthday party.

4 run low / short / dry

I am **running** short of cash.
나는 현금이 부족해지고 있다.

5 fall asleep / in love with / ill

He **fell asleep** at his desk. 잠이 들다
그는 책상에서 잠이 들었다.

비교 feel sleepy 졸리다

- I slept late, so I **felt sleepy**.

+ prove (=turn out) ~로 판명되다, 입증되다

He proved to be a quack.
그는 돌팔이 의사로 판명되었다.

 3형식으로 쓰이는 경우

- Aliens can **prove** their identity by submitting a foreign travel document. 증명하다
  외국인들은 외국여행증명서를 제출함으로써 자신의 신분을 증명할 수 있다.
- I can **prove that** his answer is right. 입증하다
  나는 그의 대답이 옳다는 것을 입증할 수 있다.

05 ▸▸▸ 중요한 3형식 동사

+ attend ~에 참석하다, ~에 출석하다, ~에 다니다

In 2001, he attended the summer camp.
그는 2001년에 하계캠프에 참석했다.

He attended high school in Greece.
그는 그리스에서 고등학교를 다녔다.

참고 '참석하다'란 뜻의 다른 동사: take part in, participate in

- US denies an envoy will **take part in** Israel-Syrian talks.
  미국은 공사가 이스라엘과 시리아간의 회담에 참석할 것이라는 사실을 부인하고 있다.

비교 1형식으로 쓰이는 경우: attend to / on

- The listener must take care to **attend to** the speaker fully. ~의 말을 듣다
  듣는 사람은 말하는 사람의 말을 잘 듣도록 주의해야 한다.
- Many maids **attended on** the princess. ~의 시중을 들다
  많은 하녀들이 공주의 시중을 들었다.

+ **await** 기다리다

Korea **awaits** a new leader.
한국은 새로운 지도자를 기다리고 있다.

 wait for / on

- Korea **waits for** a new leader. 기다리다
- She will **wait on** table.
  그녀가 식사 시중을 들 것이다.

+ **accompany / follow** ~의 뒤를 따르다

They **accompanied** the corpse to the cemetery.
사람들은 운구행렬을 따라 묘지로 갔다.

+ **contact** 연락하다

Contact him by mail or phone.
우편이나 전화로 그에게 연락해라.

+ **enter** 들어가다

He **entered** the lecture room.
그는 강의실에 들어갔다.

 1형식으로 쓰이는 경우

- The companies have **entered into** a 15-year agreement regarding wireless technology patents. 시작하다, 착수하다
  회사들은 무선기술특허에 관한 15년간의 계약에 착수했다.

+ **inhabit** 살다

Animals **inhabit** the forest.
동물들이 그 숲에 살고 있다.

 live in 살다

- I was born in Canada, but I **live in** the United States.

+ marry ~와 결혼하다

He **married** Mary.
그는 메리와 결혼했다.

 be married to ~와 결혼하다

- He **is** married to Mary.
  그는 메리와 결혼했다.

+ oppose ~에 반대하다

I **oppose** your proposal.
나는 네 제안에 반대한다.

참고 be opposed to ~에 반대하다

- I'**m opposed to** your proposal.
  나는 네 제안에 반대한다.

+ resemble ~와 닮다

An avocado **resembles** a pear in shape.
아보카도는 모양이 배와 닮았다.

+ call 전화하다

Call me at the office.
내 사무실로 전화해.

 '전화하다'란 뜻의 다른 동사들:

phone, telephone, give ~ a buzz, give ~ a ring, give ~ a call
- Please **give** me **a call**.
  전화 좀 주세요.

+ **strike** 생각나다, 떠오르다

A good idea **struck** me.
묘안이 나에게 떠올랐다.

 occur to 생각나다, 떠오르다
- A good idea **occurred to** me.
묘안이 나에게 떠올랐다.

+ **remind** 생각나다, 떠오르다

The flowers **reminded him of** his garden.
그 꽃은 그에게 그의 정원에 대해 생각나게 했다.

 4형식으로 쓰이는 경우:
- You must remember to **remind John that** the garden needs watering.
너는 정원에 물을 뿌려야 한다는 사실을 존에게 생각나게 해야한다는 것을 기억해야만 한다.

+ **reach** ~에 도착하다

He **reached** Seoul.

+ **survive**

He **survived** the war. ~에서 살아남다
그는 전쟁에서 살아남았다.

He **survived** his wife. ~보다 오래 살다
그는 아내보다 오래 살았다.

+ **succeed** ~의 뒤를 잇다

Elizabeth **succeeded** Mary as Queen.

엘리자베스는 여왕으로서 메리의 뒤를 이었다.

비교 succeed to ~를 계승하다, 물려받다
  • Elizabeth **succeeded to** the throne.
  엘리자베스는 왕위를 계승했다.

+ approach 접근하다

He **approached** a girl at the party.
그는 파티에서 한 여성에게 다가갔다.

+ discuss 토의하다

We **discussed** a problem with the teacher.
우리는 선생님과 함께 어떤 문제에 대해서 토의했다.

+ attribute / commit / contribute / dedicate / devote

He **dedicated** himself **to** cancer research.
그는 일생을 암연구에 바쳤다.

Mornings **are dedicated to** reading and afternoons **are dedicated to** writing.
아침은 독서에 몰두하고 오후는 저술에 몰두한다.

비교 contribute가 1형식으로 쓰이는 경우: contribute to ~에 기여하다
  • How can social economy **contribute to** local development?
  사회경제가 어떻게 지역발전에 기여할 수 있는가?

06 ▸▸▸ 1형식 동사와 3형식 동사의 차이

⟨V1 + 전치사 + 명사 목적어 / 대명사 목적어⟩

⟨V3 + 부사 + 명사 목적어⟩ ⟨V3 + 명사 목적어 + 부사⟩

⟨V3 + 대명사 목적어 + 부사⟩

Look at **that man**. ⟨ V1 + 전치사 + 명사 목적어 ⟩

Look at **him**. ⟨ V1+ 전치사 + 대명사 목적어 ⟩

The enemy gave up **the fort**. ⟨ V3 + 부사 + 명사 목적어 ⟩

The enemy gave **the fort** up. ⟨ V3 + 명사 목적어 + 부사 ⟩
적은 요새를 포기했다.

She gave up **it**.(X) ➡ She gave **it** up.

⟨ V3 + 부사 + 대명사 목적어 ⟩　　⟨ V3 + 대명사 목적어 + 부사 ⟩

07 ▸▸▸ 중요한 4형식 동사

1 3형식으로 바꿀 때 전치사 to를 쓰는 동사: give / award / grant / owe / leave 등

He **gave** me the book. ➡ He **gave** the book **to** me.

비교 bestow / confer: 3형식 동사

- The queen has **bestowed** [**conferred**] a knighthood **on** him.
여왕은 그에게 기사작위를 수여했다.

2 3형식으로 바꿀 때 전치사 for를 쓰는 동사: make / buy / spare / leave 등

> They **made** her a new dress.
> → They **made** a new dress **for** her.

3 3형식으로 바꿀 때 전치사 of를 쓰는 동사: ask

> May I **ask** you a favor? 부탁 좀 해도 될까요?
> → May I **ask** a favor **of** you?(=Will you **do** a favor **for** me?)

참고 전치사 of를 취하는 3형식 동사: inquire, require, demand

- American schools generally **require** the exam **of** foreign students.
미국의 학교들은 일반적으로 외국인 학생들에게 그 시험을 요구한다.

4 3형식으로 바꿀 때 전치사 to와 for 두 가지를 쓰는 동사: do

1. <do good / harm / damage to ~>

Do your enemies **good**.
적에게 선을 베풀어라.
→ **Do good to** your enemies.

2. <do a favor for ~ >

Will you **do** me **a favor**?
부탁 좀 해도 될까요?
→ Will you **do a favor for** me?

 take는 가주어–진주어 구문을 취한다.

- **It took** him ten years [much study] **to become** a lawyer.
그는 변호사가 되는데 10년이 걸렸다[많은 공부가 필요했다].

08 ▸▸▸ 4형식 동사로 오인되는 3형식 동사

explain / introduce / propose / suggest + A + to B

He **explained** his conduct **to** others.
He **explained** (**to** me) **that** they should go right away.
그는 나에게 그들이 당장 가야한다고 설명해주었다.

 ▸▸▸ **중요한 5형식 동사**

+ think / know / believe / imagine / expect / suppose + O + (to be) C

I **thought** him (**to be**) an intellectual giant.
나는 그가 지적인 거인이라고 생각했다.

I **thought** him (**to be**) intellectual.

> **참고** be expected [supposed] to V ～하리라고 기대되다; ～할 예정이다; ～해야 한다
> • I **am supposed to** call him tonight.

+ think of / regard / define / describe / look upon / refer to + O + as + C

Some people **think of** watching TV **as** a waste of time.
어떤 사람들은 TV시청을 시간낭비라고 여긴다.

+ consider + O + (to be / as) + C 간주하다, 여기다

I **consider** him (**to be**) competent.
I **consider** him (**as**) competent.
나는 그가 유능하다고 여긴다.

+ deem + O + (to be) + C 간주하다, 여기다

I **deem** him (**to be**) a fool.
나는 그가 바보라고 여긴다.

+ call 부르다

They **called** him a liar.
사람들은 그를 거짓말쟁이라고 불렀다.

+ find + O + V / to V / V-ing / V-ed 알게 되다

They **found** the business **pay**.
사람들은 그 사업이 돈이 잘 벌린다는 것을 알게 되었다.

She **found** the box **to contain** nothing.
그녀는 그 상자에는 아무것도 들지 않았다는 것을 알게 되었다.

They **found** him **entertaining** partners.
사람들은 그가 동료들을 즐겁게 한다는 것을 알게 되었다.

We **found** the boy **injured** in the woods.
우리는 그 소년이 숲에서 다쳤다는 것을 알게 되었다.

+ help + (O) + V / to V 돕다

I **helped** my mother (**to**) **wash** the dishes.
She had to **help** (**to**) **support** her family.
그녀는 자신의 가족을 부양하는 것을 도와야만 했다.

+ keep + O + V-ing / V-ed 계속 ~하게 하다

I am sorry to have **kept** you **waiting** for a long time.
너를 오랫동안 기다리게 만들어서 미안하다.

Keep the door **shut**.
그 문을 닫힌 채로 두세요.

+ want to V / O + to V / that-절(X) ~하고 싶다, ~해주었으면 하고 바라다

I **want to go** shopping.
I **want** you **to do** it at once.

 would like to V / O + to V / that-절(X) ~하고 싶다, ~해주었으면 하고 바라다

- I **would like to withdraw** money from the ATM.
  저는 현금자동인출기에서 돈을 인출하고 싶습니다.
- I **would like** you **to sleep** early for tomorrow.

+ wish to V / O + to V / that-절(가정법) ~하고 싶다, ~했으면 좋겠는데

I **wish to ask** you a favor.

I **wish** you **to go** at once.

I **wish that** you would clean up your room.

 hope to V / for O + to V / that-절(직설법) ~하기를 바라다, 희망하다

- I **hope to see** you again.
- I **hope for John to go**.
- I **hope that** you will come soon.

+ compel / force / oblige / press + O + to V 강요하다

I **compelled** him **to admit** his error.
나는 그가 자신의 잘못을 받아들이도록 강요했다.

I **was compelled to leave** the place.
나는 그곳을 떠나도록 강요받았다.

 '고맙다'란 뜻의 동사들: thank / be obliged to / appreciate

- **Thank** you for your gift.
- I'm much **obliged to** you for your gift.
- I **appreciate** your gift.
  선물을 주셔서 고맙습니다.

+ cause / enable + O + to V 초래하다 / 가능하게 하다

Endurance **enabled** him **to win** the race.
인내심은 그가 경주에서 이기도록 만들어 주었다.

+ motivate + O + to V 동기를 부여하다

The plan is designed to **motivate** employees **to work** more efficiently.
그 계획은 직원들이 더 효율적으로 일하도록 동기를 부여하기 위해서 기획된 것이다.

+ allow / admit / permit + O + to V 허용하다

My father won't **allow** me **to ride** a motorcycle.
우리 아버지께서는 내가 오토바이를 타는 것을 허용하지 않을 것이다.

+ forbid + O + to V 금지하다, 방해하다

I **forbid** you **to enter** my house.
나는 네가 우리 집에 들어가는 것을 금지한다.

> **비교** prevent / keep / stop / restrain / deter / bar … + O + from V-ing 금지하다, 방해하다
>
> • Heavy rain **prevented** us **from going** out.
> 폭우가 우리의 외출을 방해했다.

+ make / let + O + V / V-ed 시키다

His jokes **made** us all **laugh**.
I took pains to **make** myself **understood**.

> **참고** make의 두 가지 특수 구문
>
> 1. make + C + O
> • Would netizens **make** possible **a new form of journalism**?
> 네티즌이 새로운 형태의 언론을 가능하게 할까요?

2. make + it + C + to V / that S + V
- New genetic research may **make it** possible **to identify** an individual's lifetime risk of cancer, heart attack and other diseases.
  새로운 유전자 연구가 개인이 평생동안에 암, 심장병, 기타 다른 병에 걸릴 위험을 알 수 있게 해 줄 지도 모른다.
- Why does God **make it** possible **that** little children die?
  왜 하느님은 어린 아이들이 죽는 것을 가능하게 할까?

+ have + O + V / V-ing / V-ed 시키다

Have him **come** early.

He **had** us all **laughing**.

I **had** a new suit **made** last month.
나는 지난달에 새 정장을 짓도록 시켰다.

+ get / leave + O + to V / V-ing / V-ed 시키다 / 내버려두다

I **got** him **to prepare** for our journey.
나는 그가 우리 여행을 준비하도록 시켰다.

Leave her **to do** as she likes.
그녀가 원하는 대로 하도록 내버려두어라.

10 ▸▸▸ 철자가 혼동되는 동사들

+ lie - lay - lain (lying) 놓여 있다; 눕다
lie - lied - lied (lying) 거짓말을 하다
lay - laid - laid (laying) 놓다; 눕히다

He **lay** down on the grass.
그는 풀밭에 누웠다.

You are **lying**.
너는 거짓말을 하고 있다.

She **laid** the doll down carefully.
그녀는 인형을 조심스럽게 내려 놓았다.

+ rise - rose - risen 오르다
arise - arose - arisen 발생하다
raise - raised - raised 오르다

Stocks **rose** in price.
주가가 올랐다.

Accidents **arise** from carelessness.
사고는 부주의로 발생한다.

If you have any questions, please **raise** your hands.
질문이 있으면 손을 드세요.

+ sit - sat - sat 앉다
set - set - set 놓다
seat - seated - seated 앉히다

Please **sit** down.
앉아요.

Mother **set** the table.
어머니께서 식탁을 차렸다.

Please **seat** yourself in a chair.
의자에 착석해 주십시오.

Please **be seated**, gentlemen.
신사여러분, 착석해 주십시오.

+ find - found - found 발견하다
found - founded - founded 세우다

I can't **find** my glasses.
내 안경을 못 찾겠다.

John Harvard **founded** Harvard University in 1638.
존 하버드는 1638년에 하버드 대학을 세웠다.

+ hang - hung - hung 걸다
hang - hanged - hanged (목을) 걸다; 교수형에 처하다

He spoke with us for a while, and then **hung** up the phone.
그는 우리와 잠시 이야기를 나누고 나서 전화를 끊었다.

She **hanged** herself.
그녀는 목을 맸다.

In Iran gay men **are hanged**.
이란에서는 동성연애남성들은 교수형에 처해진다.

+ affect - affected - affected = have an effect
[influence / impact] (up)on 영향을 끼치다
effect - effected - effected 초래하다

How does inflation **affect** business?
인플레이션이 어떻게 사업에 영향을 끼치는가?

Financial crisis will **effect** a change in policy.
금융위기는 정책의 변화를 초래할 것이다.

+ die - died - died (dying) 죽다
dye - dyed - dyed (dyeing) 염색하다

He **died** of hunger / rectal cancer.
그는 굶주림 / 직장암으로 죽었다.

He **died** from wounds / the car accident.
그는 부상/ 차사고로 죽었다.

She **dyed** a cloth red.
그녀는 천을 빨간색으로 염색했다.

01 ▸▸▸ 동사 I 예제

01 The information officer at the bank ___________ his customers that there were several different kinds of checking accounts available. (명지대 00–2)

Ⓐ said
Ⓒ conversed
Ⓑ told
Ⓓ talked

02 The judges objected to delay three months on the part of Gandhi to file
      Ⓐ   Ⓑ   Ⓒ   Ⓓ
the complaint. (아주대 05–1)

03 밑줄 친 부분과 가장 의미가 비슷한 것을 고르시오. (계명대 03–1)(성균관대 03–1)
The committee chairman had to account for how the money was spent.

Ⓐ add up
Ⓒ explain
Ⓑ decide
Ⓓ explore

04 A: Twenty dollars will be enough? (아주대 04–1)
B: Ten dollars ___________ .

Ⓐ will cover
Ⓒ will do
Ⓑ will fix
Ⓓ will fine

05 This is why a jazz song might sound a little differently each time
      Ⓐ   Ⓑ   Ⓒ   Ⓓ
it is played. (고려대 00–2)(경기대 02–1)

06 I can assure that your name will not be mentioned. (고려대 02–1)
      Ⓐ   Ⓑ   Ⓒ   Ⓓ

07 The brain cell receptor that __________ associate two events is made of components that change over a life span. (영남대 07-1)

Ⓐ gets　　　　　　　　　　　Ⓑ lets
Ⓒ makes　　　　　　　　　　Ⓓ helps

08 Once a decision has been made, second-guessing may just interfere
　　　Ⓐ　　　　　　　　　　Ⓑ　　　　　　Ⓒ　　　　　　　Ⓓ
more important business. (고려대 08-1)

09 Unless foreigners bring their passports to the bank, it will be difficult to get their checks __________ . (인천대 98) (동덕여대 00-2) (고신대 00-2)

Ⓐ cash　　　　　　　　　　Ⓑ cashed
Ⓒ cashing　　　　　　　　　Ⓓ to be cashed

10 The proximity of the two men's ideas on many subjects made easy for
　　　　　　　　　　　　　　　　　Ⓐ　　　　　　　Ⓑ　　　Ⓒ
them to work together during that critical period of our history. (고려대 04-2)
　　　　　　　　　Ⓓ

11 In order for us to be successful in the field, our prices must be
　　　　　　Ⓐ　　　　Ⓑ　　　　　　　　　Ⓒ
competitively. (동덕여대 08-1)
　Ⓓ

12 The reason Nancy is still standing there is that she feels very pleased to see the wheels __________ . (단국대 07-1)

Ⓐ with turning around　　　　Ⓑ turning around
Ⓒ have turned around　　　　Ⓓ been turned around

13 I heard Danny ___________ bankrupt only ten months after he went into business. (단국대 02–1)

Ⓐ went
Ⓑ had
Ⓒ reached
Ⓓ came

14 He was afraid of his father and didn't want to come back home.
　　　　　　　　Ⓐ　　　　　　　　Ⓑ　　　　　　　　Ⓒ　　　Ⓓ
(고려대 00–2)

15 Tom made Jane so angry on the telephone that she hanged up on him
　　　　　　　　　　　　　　　Ⓐ　　　　　　　　　　Ⓑ　　　　Ⓒ

without saying good–bye. (경기대 01–2) (단국대 01–2)
　　　Ⓓ

16 He ___________ his son. (명지대 03–1)

Ⓐ succeeded
Ⓑ was succeeded by
Ⓒ succeeded to
Ⓓ was succeeded to

17 After working most of the night, I felt asleep at about five in the morning.
　　　　Ⓐ　　　Ⓑ　　　　　　　　　Ⓒ　　　　　　Ⓓ
(계명대 01–2)

18 United States laws forbid cigarette companies ___________ on television. (경희대 05–1)

Ⓐ to advertise
Ⓑ from advertising
Ⓒ at advertising
Ⓓ advertise

19 By killing much of the population of the Wampanoag confederacy, the epidemic that raged from 1616–19 ___________ the first permanent European settlement in North America. (서울여대 08–1)

Ⓐ made it possible for
Ⓑ made it possible
Ⓒ made possible
Ⓓ made it possible that

20 Every afternoon after an arduous day of seemingly endless work, Harold
         <u>   </u>
                                               Ⓐ

<u>lied down</u> on the sofa and <u>raised</u> his feet for <u>an hour or more</u>. (세종대 07-1)
  Ⓑ   Ⓒ   Ⓓ

21 다음 중 틀린 문장은? (세종대 96)

   Ⓐ My brother married an actress.
   Ⓑ My brother got married to an actress.
   Ⓒ My brother is married to an actress.
   Ⓓ My brother married with an actress.

22 The doctor explained __________ that we should have a complete
physical examination once a year. (고려대 00-2)

   Ⓐ us   Ⓑ at us
   Ⓒ to us   Ⓓ for us

23 A: I __________ your gift very much. (성신여대 96)
B: Don't mention it.

   Ⓐ welcome   Ⓑ thank
   Ⓒ appreciate   Ⓓ compliment

24 Bill asked me for the money he'd lent me, but I'd already __________ .
He just forgot. (동국대 03-1)

   Ⓐ paid them back   Ⓑ paid back them
   Ⓒ paid it back   Ⓓ paid back it

25 <u>Ever since</u> it was built <u>three hundred years ago</u>, the Taj Mahal in Agra,
    Ⓐ   Ⓑ

India, has often <u>described</u> as <u>the</u> most beautiful building in the world. (세종대 05-2)
             Ⓒ   Ⓓ

to 부정사란 〈to + 동사원형〉을 말하는데, 동사의 역할을 하면서 동시에 명사의 역할을 하거나, 동사의 역할을 하면서 동시에 형용사의 역할을 하거나, 동사의 역할을 하면서 동시에 부사의 역할을 한다.

to 부정사란 〈to + 동사원형〉을 말하는데, 동사의 역할을 하면서 동시에 명사의 역할을 하거나, 동사의 역할을 하면서 동시에 형용사의 역할을 하거나, 동사의 역할을 하면서 동시에 부사의 역할을 한다.

Chapter 02

to 부정사

01 ▸▸▸ to 부정사의 세 가지 용법

1 명사적 용법

To master English is very difficult. 〈주어〉
영어를 정복하는 것은 어렵다.

Everybody wishes **to enjoy life**. 〈목적어〉
모든 사람들은 인생을 즐기기를 원한다.

All you have to do is **to study hard**. 〈보어〉
당신이 해야 할 모든 것은 열심히 공부하는 것이다.

2 형용사적 용법

He wants **somebody to love** him. 〈동사의 주어 관계〉
그에게는 자신을 사랑해줄 누군가가 필요하다.

He wants **somebody to love**. 〈동사의 목적어 관계〉
그에게는 사랑할 누군가가 필요하다.

He wants **somebody to talk with**. 〈전치사의 목적어 관계〉
그에게는 함께 이야기할 누군가가 필요하다.

She has **the ability to communicate** with ghosts. 〈동격관계〉
그녀는 귀신과 소통하는 능력을 가지고 있다.

3 부사적 용법

To study English literature, she went to England. 〈목적〉
그녀는 영문학을 공부하기 위해서 영국으로 갔다.

He worked hard **only to fail**. 〈결과〉
그는 열심히 노력했지만 실패할 따름이었다.

I was surprised **to hear the news**. 〈이유〉
나는 그 소식을 듣고 놀랐다.

To hear her speak English, you would take her for an American.
〈조건〉 너는 그녀가 영어를 하는 것을 듣는다면 그녀를 미국사람과 혼동할 것이다.

You must be silly **to do such a thing**. 〈판단근거〉
그런 짓을 하다니 너는 어리석음에 틀림이 없구나.

02 ▸▸▸ to 부정사를 목적어로 취하는 동사

(☞ 동사 II편 참조)

03 ▸▸▸ to 부정사는 전치사의 목적어로 쓰이지 못하는 것이 원칙이지만 예외도 있다

be about to V (막 ~하려고 하다)

know better than to V (~할 정도로 어리석지 않다)

have no choice [alternative] but to V (~하지 않을 수 없다)

We **were about to start** when it rained.
우리가 막 출발하려고 하는데 비가 내렸습니다.

I **know better than to do** such a thing.
나는 그런 짓을 할 정도로 어리석지 않다.

Thus, we **have no choice but to decline** your proposal.
따라서 이번 요구를 거절하지 않을 수 없게 되었습니다.

> **비교** cannot choose but + VR ~하지 않을 수 없다
>
> - **I can't choose but laugh** at how she walks.
>
> **비교** cannot help V-ing = cannot but VR = cannot help but VR ~하지 않을 수 없다
>
> - **I cannot help laughing** at his joke.
> - **I cannot but laugh** at his joke.
> - **I cannot help but laugh** at his joke.

04 ▸▸▸ to 부정사를 취하는 명사

> ability [effort/attempt/plan/right/way...] + to V
> capability [hope/possibility/way...] + to V/of V-ing
> capacity + to V/of V-ing/for V-ing

The ostrich has lost **the ability to fly**.
타조는 나는 능력을 잃었다.

He had **the capability of making** weapons.
그는 무기를 만드는 능력을 가졌다.

Williams has an endless **capacity for dissembling**.
윌리엄은 사람을 속이는 무한한 능력을 가지고 있다.

> **참고** be (in)capable of + V-ing
>
> - He **is capable of learning** from experience.
>
> **참고** the first / last ~ to V
>
> - Columbus was **the first** man **to discover** the New World.
> - He is **the last** man **to tell** a lie. = He is above telling a lie.
>   그는 결코 거짓말을 할 사람이 아니다.
>
> **참고** the right to V
>
> - You have **the right to remain** silent.
>   당신에게는 묵비권을 행사할 권리가 있습니다.

05 ▸▸▸ Know + 의문사 + to V

I know **to swim**.(X)

→ I know **how to swim**.

I know **what to swim**.(X)

→ I know **how to swim**.

비교 learn + to V / learn + 의문사 + to V

- I am **learning** (**how**) **to swim**.

06 ▸▸▸ be 동사 뒤에 to 부정사가 오는 경우

1 주어(사람) + be to V: 예정, 의무, 가능, 의도, 운명

We **are to** hold the meeting tomorrow. 〈예정〉
우리는 내일 모임을 가질 예정이다.

2 주어(사물) + be to V: 명사적인 용법(~하는 것)

The purpose [aim / goal / object / objective] of the organization **is to** greet all newcomers to the city.
그 기구의 목적은 그 시에 새로 전입한 사람을 안내하는 것이다.

07 ▸▸▸ 가주어 - 진주어 구문의 목적어 도치

It is difficult to please **him**.

➡ **He** is difficult to please.

It is easy to work with **him**.

➡ **He** is easy to work with.

 가목적어–진목적어 구문의 목적어 도치

- They found it difficult to find **a good man**.
➡ They found **a good man** difficult to find.

08 ▸▸▸ to 부정사의 시제

1 It **seems** that she **is** happy. 〈같은 시제〉
→ She seems **to be** happy.

2 It **seemed** that she **was** happy. 〈같은 시제〉
→ She seemed **to be** happy.

3 It **seems** that she **was** happy. 〈앞서는 시제〉
→ She seems **to have been** happy.

4 It **seemed** that she **had been** happy. 〈앞서는 시제〉
→ She seemed **to have been** happy.

> 참고 다른 준동사도 마찬가지이다.
> - Mother is busy **making** cookies. 〈동명사, 같은 시제〉
> - He regrets **having said** such things. 〈동명사, 앞서는 시제〉
> - He spends hours, **reading** books. 〈현재분사, 같은 시제〉
> - **Having written** the letter, he mailed it at once. 〈현재분사, 같은 시제〉

09 ▸▸▸ to 부정사의 부정: <not / never + to V>

He advised me not to believe her words.
그는 나에게 그녀의 말을 믿지 말라고 충고했다.

 다른 준동사도 마찬가지이다.

- I regret **not telling** her the truth. 〈동명사〉
  나는 그녀에게 진실을 말하지 않았던 것을 후회한다.
- **Not having had** enough money, I could not have bought the ticket. 〈현재분사〉
  나는 충분한 돈을 가지고 있지 않았더라면 표를 사지 못했을 지도 모른다.

10 ▸▸▸ to 부정사의 사이에 부사가 삽입된 〈분리부정사〉가 이제는 허용된다.

Bag policy enables trash collectors to clearly see violators.
쓰레기종량제는 미화원들로 하여금 위반자를 분명히 알 수 있도록 해준다.

11 ▸▸▸ 대(代)부정사를 써서 같은 동사의 반복을 피할 수 있다.

You can read it if you want **to read it**.
→ You can read it if you want **to**.

12 ▸▸▸ to 부정사의 의미상의 주어는 주절의 주어와 다를 때 표시된다: 목적격 / for +목적격 / of +목적격

I want **you** to become a university student. 〈목적격〉
It's necessary **for you** to arrive on time. 〈for + 목적격〉
It's kind **of you** to say so. 〈of + 목적격〉

13 ▸▸▸ to 부정사에 관련된 관용적인 표현 [독립부정사]

1 B, not to mention A: A, B 모두 긍정, 혹은 부정

She can speak Japanese, **not to mention** English.
　　　　　　　　　　O　　　　　　　　　　　　O

그녀는 영어는 물론이고 일본어도 할 수 있다.

She cannot speak English, **not to mention** Japanese.
　　　　　　　　　　X　　　　　　　　　　　　X

그녀는 일본어는 고사하고 영어도 할 수 없다.

2 B, not to say A: A는 부정하는 대신에 B는 긍정

She is very frugal, **not to say** stingy.
　　　　　　　　O　　　　　　　　X

그녀는 인색하다고까지는 말할 수 없지만 대단한 절약가이긴 하다.

> **참고** 기타 관용적인 표현
>
> so to speak(말하자면), strange to say(이상한 말이지만), to begin with(먼저),
> to do him justice(그를 공정하게 평가하면), to make matters worse(설상가상으로),
> to tell the truth(사실을 말하면), to wit(즉) 등

02 ▸▸▸ to 부정사 예제

01 They couldn't but __________ at the funny scene. (총신대 08-1)

    Ⓐ laughing   Ⓑ laugh
    Ⓒ laughed   Ⓓ to laugh

02 A good man is difficult __________ . (연세대 학사) (한국외대 98-1)

    Ⓐ at finding   Ⓑ to be found
    Ⓒ with finding   Ⓓ to find

03 You should know better than go swimming just after a big meal.
               Ⓐ   Ⓑ   Ⓒ   Ⓓ
(단국대 96)

04 In 1978, Barbara Chung became the first Asian __________ elected mayor in the United States. (경희대 02-1)

    Ⓐ was   Ⓑ was to
    Ⓒ she was   Ⓓ to be

05 It is extremely important for an engineer to know to use a computer.
    Ⓐ   Ⓑ   Ⓒ   Ⓓ
(홍익대 94)

06 The condition would be more difficult to diagnose it in children who
                                               Ⓐ   Ⓑ
speak these languages, though subtle symptoms such as impaired
     Ⓑ   Ⓒ
verbal short-term memory would remain. (한양대 05-1)
                  Ⓓ

07 Although Shakespeare was the author of several of his tragedies, not
                                        Ⓐ   Ⓑ
all of his comedies appear to be written by him. (서경대 07-1)
                      Ⓒ   Ⓓ

08 The clerk told me __________ . (경기대 01-2)

Ⓐ to try not the dress in   Ⓑ to not try the dress with
Ⓒ not to try the dress for   Ⓓ not to try the dress on

09 A: Do you intend to study English?
B: Yes, __________ . (단국대 03-2)

Ⓐ I intend   Ⓑ I intend that
Ⓒ I intend not   Ⓓ I intend to

10 The human ribs are capable to move so as to allow room for the
                                Ⓐ   Ⓑ
lungs to expand during breathing. (세종대 98-2) (숙명여대 03-1) (세종대 04-2)
        Ⓒ   Ⓓ

11 If at any point you feel yourself becoming tense, make a conscious
        Ⓐ   Ⓑ   Ⓒ
effort relax. (경기대 05-1)
        Ⓓ

12 After the church's silence on the topic for decades, the editor of the
                        Ⓐ   Ⓑ   Ⓒ
magazine says it has no choice but examine its past. (세종대 08-1)
                                    Ⓓ

동명사란 〈동사원형 + ing〉를 말하는데, 동사의 역할과 명사의 역할을 동시에 하기 때문에 동명사라고 불린다. 순수한 명사는 명사의 역할만을 하는 반면에, 동명사는 명사의 역할을 하면서 동시에 동사의 역할도 한다.

03

동명사

01 ▸▸▸ 동명사의 한 가지 용법: 명사적 용법

> **Smoking** is prohibited here. 〈주어〉
> I enjoyed **swimming** last summer. 〈동사의 목적어〉
> Thank you for **cheering me up**. 〈전치사의 목적어〉
> My business is **teaching English**. 〈보어〉

02 ▸▸▸ 동명사를 목적어로 취하는 동사

(☞ 동사 II편 참조)

03 ▸▸▸ 문장 속에서의 2가지 형태

1 기본적인 형태: Ving + O

Race and ethnicity play a key role in **understanding** American culture.

인종과 민족성은 미국문화를 이해하는데 있어서 중요한 역할을 한다.

2 명사화된 형태: the[a/an] + Ving + of ~

Race and ethnicity play a key role in **the understanding of** American culture.

인종과 민족성은 미국문화의 이해에 있어서 중요한 역할을 한다.

04 ▸▸▸ 사물 주어 + want/need + to V/V-ing
사물 주어 + be worth/be worthy of + N/V-ing

1 This garden **wants to be watered**.

➡ This garden **wants watering**.

이 정원은 물이 뿌려질 필요가 있다.

2 The book **is worth being read**.(X)

➡ The book **is worth reading**.

그 책은 읽혀질 가치가 있다.

3 The book **is worthy of being published**.(X)

→ The book **is worthy of publishing**.

→ The book **is worthy to be published**.
그 책은 출판될 가치가 있다.

참고 worth만 써야 하는 경우: 뒤에 돈이 올 때

- The painting **is worthy of** *one million dollars*.(X)

→ The painting **is worth** *one million dollars*.
그 그림은 백만 달러의 가치가 있다.

비교 주어 자리에 사람이 오는 경우도 있다.

- *He* **is worth** one million dollars.
그에게는 백만 달러의 재산이 있다.

주의 worth 뒤에 **of**가 오는 경우: 앞에 돈이 올 때

- This is *one million dollars'* **worth of** painting.
이것은 백만 달러의 가치를 가진 그림이다.

05 ▸▸▸ 동명사에 관련된 관용적인 표현

1 be[get] used to V-ing ~에 익숙하다
He **is used to getting** up early now.
그는 이제 일찍 일어나는데 익숙하다.

비교 be [get] used to V ~에 사용되다

- These brushes **are used to** paint big pictures.
이 솔은 큰 그림을 그리는데 사용된다.

참고 used to V ~하곤 했다

- He **used to get** up at six in the morning.
  그는 아침 6시에 일어나곤 했다.

2 There is no point V-ing ~해봐야 소용이 없다

You are drunk, so **there is no point talking** with you.
너는 술에 취했으니 너와 이야기해봐야 소용이 없다.

참고 make a point of V-ing 주장하다, 강조하다; 으레 ~하다

- She **made a point of being** nice to all people.
  그녀는 모든 사람들에게 으레 친절했다.

3 look forward to V-ing ~하기를 학수고대하다

I **look forward to meeting** you at your earliest convenience.
나는 형편이 닿는 대로 가장 빨리 너를 만나게 되기를 학수고대하고 있다.

4 come close to V-ing 하마터면 ~할 뻔하다

I **came close to being** crushed to death this morning by my rolling bookcases.
나는 오늘 아침에 구르는 책꽂이에 하마터면 깔려 죽을 뻔 했다.

5 What do you say to V-ing? = How about V-ing? ~하는 것이 어떠니

What do you say to going to the movies?
영화를 보러가는 것이 어떠니?

6 feel like V-ing ~하고 싶다

I don't **feel like going** to the party.
나는 파티에 가고 싶지 않다.

7 with a view to V-ing ~할 목적으로

I'm studying English very hard **with a view to finding** a good job.
나는 좋은 직업을 구할 목적으로 영어를 매우 열심히 공부하고 있다.

> **비교** in order to V ~하기 위해서
> - I'm studying English very hard **in order to find** a good job.

8 부정어 ~ without V-ing ~할 때마다 ~하다, ~하면 반드시 ~하다

He **never** goes out **without losing** his umbrella.
그는 외출할 때마다 우산을 잃어버린다.

9 when it comes to V-ing/N ~에 관한 한

When it comes to playing tennis, he is next to none.
테니스를 하는 것에 관한 한 그가 최고이다.

10 have difficulty [trouble/a hard time/a difficult time/struggle] (in) V-ing → with + 명사 ~하느라 어려움을 겪다

I **had difficulty carrying** this trunk.
→ I **had difficulty with** this trunk.
나는 이 트렁크를 운반하느라 어려움을 겪었다.

11 spend ~ (in, on) V-ing → on + 명사 ~하는데 쓰다

She **spends** much money **buying** clothes.
→ She **spends** much money **on** clothes.
그녀는 많은 돈을 옷을 구입하는데 쓴다.

12 be busy (in) V-ing → with + 명사 ~하느라 바쁘다

He **is busy doing** this work.

→ He **is busy with** this work.

그는 이 일을 하느라 바쁘다.

06 ▸▸▸ 동명사의 의미상의 주어는 주절의 주어와 다를 때 표시된다: 소유격/ 목적격

Would you mind **my** opening the window? 〈사람: 소유격〉

We were glad of **the examination** being over. 〈사물: 목적격〉

07 ▸▸▸ 명사와 동명사의 의미차이

farm(농장) - farming(농업) / park(공원) - parking(주차) /
smoke(연기) - smoking(흡연) / heat(열) - heating(난방) /
bank(은행; 강둑) -banking(금융) /
reason(이유; 이성) - reasoning(추리) /
drive(길) - driving(운전) 등

Rodeo Drive / Beverley Drive
Unfortunately, drunk **driving** is usually on the rise.
불행히도 음주운전이 증가일로에 있다.

03 ▸▸▸ 동명사 예제

01 The <u>embarrassed professor</u> <u>pleaded not guilty</u> to the charge of <u>drive</u>
           Ⓐ   Ⓑ   Ⓒ
<u>while intoxicated</u>. (경기대)
      Ⓓ

02 다음의 대화에서 괄호 속에 있는 단어들을 가장 적절한 형태로 고쳐 쓴 것은? (한국외대)

> A: Would you like to go on a picnic with me today?
> B: Not really. To be honest, I don't feel like (go) out today. I am terribly tired.
> A: That's too bad. I'm so (disappoint).

Ⓐ gone – disappointed   Ⓑ going – disappointing
Ⓒ going – disappointed   Ⓓ gone – disappointing
Ⓔ went – disappointingly

03 Do your best to fully prepare yourself for the __________ of an interview. (계명대 08-1)

Ⓐ succession   Ⓑ success
Ⓒ succeeding   Ⓓ succeed

04 Our customers need __________ of our ability to provide the best warranty and repair service in the industry. (동덕여대 07-1)

Ⓐ persuading   Ⓑ be persuaded
Ⓒ to be persuaded   Ⓓ persuasion

05 I don't think this jacket is __________ . (한양대 08-1)

   Ⓐ worthy to buy   Ⓑ worth to buy
   Ⓒ worth the price   Ⓓ worthy buying

06 I have gotten used __________ . (경희대 05-1)

   Ⓐ to being alone   Ⓑ to been alone
   Ⓒ being alone   Ⓓ for being alone

07 There isn't really any point __________ here in the rain. (경기대 04-2)

   Ⓐ stand   Ⓑ standing
   Ⓒ to stand   Ⓓ for standing

08 All the teachers are looking forward spending their free time relaxing
                Ⓐ   Ⓑ   Ⓒ   Ⓓ
in the forest this fall. (홍익대 05-1)

09 I am writing with a view __________ out whether you have any news
about my son. (경기대 98-2)

   Ⓐ to finding   Ⓑ for finding
   Ⓒ finding   Ⓓ to find

10 She's had a hard time __________ him into joining her team. (총신대 08-1)

   Ⓐ talking   Ⓑ talked
   Ⓒ talk   Ⓓ to talk

11 Had he not believed that every individual belongs to history, his story
    Ⓐ   Ⓑ
would not have been worth of telling. (숙명여대 03-1)
        Ⓒ   Ⓓ

12 When it comes to ___________ the technical matters, he is the right person for the job. (총신대 08-1)

Ⓐ handle
Ⓑ be handled
Ⓒ have handled
Ⓓ handling

13 Unless an athlete is physically fit, there is no sense in him sacrificing
                             Ⓐ   Ⓑ
himself for victory in any game and, therefore, facing a lifetime injury.
    Ⓒ   Ⓓ
(세종대 01-2)

14 Total sales in the region rose by 10 percent in July over June as shoppers spent more ___________ seasonal items. (동덕여대 07-1)

Ⓐ on
Ⓑ to
Ⓒ by
Ⓓ in

15 우리말을 영문으로 바르게 옮긴 것을 고르시오. (단국대 05-1)

> 내가 바쁘게 시험공부를 할 때마다 아버지는 내가 가장 좋아하는 음식을 집으로 가져오시곤 했다.

Ⓐ Whenever I was busy studying for examinations, Dad would bring home my favorite meal.
Ⓑ Whenever I was busy to study for examinations, Dad used to bring home my favorite meal.
Ⓒ Whenever I was busy in preparing for examinations, Dad would bring home my best favorite meal.
Ⓓ Whenever I was busy the preparation of examinations, Dad used to bring home my best favorite food.

동사 중에서 동명사나 to 부정사를 목적어로 취하는 3형식 동사만을 골라 여기에
정리했다. 3형식 동사 중에는, 동명사만을 목적어로 취하는 것도 있고, to 부정사만
을 목적어로 취하는 것도 있고, 둘 다 목적어로 취하는 것도 있다.

Chapter

04

동사 Ⅱ

01 ▶▶▶ 동명사를 목적어로 취하는 동사: V3 + V-ing

+ finish / stop / give up / abandon 끝마치다 / 멈추다 / 포기하다

After you have finished reading the paper, put it back where it was.
너는 신문을 다 읽고나서 원래 있었던 곳에 다시 놓아두어라.

He stopped smoking.
그는 담배를 끊었다.

> 비교 **stop + to V**
> - He **stopped to read** the message.
>   그는 메시지를 읽기 위해서 (가던 길을) 멈췄다.

+ avoid / deny 피하다 / 부인하다

German president and foreign minister **avoid meeting** Dalai Lama.
독일 대통령과 외무장관은 달라이라마를 만나는 것을 피한다.

He **denied** ever **having met** her.
그는 그녀를 만났던 것을 부인했다.

+ appreciate 고맙다

I **appreciate** your **coming** today.
오늘 와주셔서 고맙습니다.

+ mind / enjoy / resent 꺼리다 / 즐기다 / 분개하다

Would you **mind** my **smoking** here?
여기에서 담배를 피워도 될까요?

+ allow / admit / permit 허용하다

Circumstances don't **permit** my **leaving** to a summer resort.
상황은 내가 여름휴양지로 떠나는 것을 허용하지 않는다.

Do you **allow smoking** in your home?
당신 집안에서 담배를 피우는 것을 허용하십니까?

+ consider / contemplate / suggest / imagine
~할까 생각하다 / 제안하다 / 상상하다

I am **considering buying** a brand-new car.
나는 신형 자동차를 한 대 살까 생각중이다.

Doctors usually **suggest trying** diet and exercise.
의사들은 일반적으로 다이어트와 운동을 제안한다.

02 ▸▸▸ to 부정사를 목적어로 취하는 동사: V3 + to V

+ want / would like / hope / wish / expect
~하고 싶다 / ~하기를 바라다 / 기대하다

I never **expect to see** a perfect work from an imperfect man.
나는 결코 불완전한 사람에게서 완벽한 일을 보기를 기대하지 않는다.

+ decide / choose / plan / mean / intend
~하려고 결심하다 / ~을 계획하다 / ~할 작정이다

She has **decided to become** a teacher.
그녀는 선생님이 되려고 결심했다.

Do you really mean to quit?
너는 정말 그만둘 작정이니?

> **비교** mean + V-ing
>
> - Being a good mom **means being** more than just not bad.
>   훌륭한 엄마가 된다는 것은 그저 나쁘지 않은 것 그 이상을 의미한다.

+ refuse / agree 거절하다 / 동의하다

I refuse to discuss the question.
나는 그 문제를 토의하는 것을 거절한다.

We agreed to take the first train.
우리는 첫 기차를 타기로 동의했다.

+ pretend / affect ~인 체하다

He affected not to understand.
그는 이해하지 못하는 체 했다.

+ afford / fail / manage ~할 여유가 있다 / 실패하다 / 가까스로 ~하다

I can't afford to waste even one cent.
나는 1센트도 낭비할 여유가 없다.

Don't fail to let me know.
꼭 나한테 알려줘.

03 ▸▸ to 부정사와 동명사 둘 다 목적어로 취하는 동사: V3 + to V/V-ing

+ begin / start / continue 시작하다 / 계속하다

The baby **began to cry**.
The baby **began crying**.
갓난아이는 울기 시작했다.

+ like / love / prefer / dislike / hate
좋아하다 / 사랑하다 / 더 좋아하다 / 좋아하지 않다 / 싫어하다

I'm so nervous. I **hate flying**. 〈일반적 사실〉
너무 긴장되는데. 나는 원래 비행기 타는 게 싫어.

I **hate to say** this, but I don't like your friend. 〈구체적 사실〉
지금 이런 말을 하긴 싫지만 나는 네 친구가 싫어.

+ remember / forget / regret 기억하다 / 잊어버리다 / 후회하다; 유감으로 생각하다

He **forgot seeing** you before. 〈과거 사실〉
그는 너를 전에 만났던 것을 잊어버렸다.

Don't **forget to turn** off the light. 〈미래 사실〉
불 끄는 것을 잊지 말아라.

04 ▶▶▶ 동사 Ⅱ 예제

01 Most doctors appreciate __________ when it is necessary for you to cancel an appointment. (성균관대 04-1)

Ⓐ that you could call them　　Ⓑ you to call them
Ⓒ that you are calling them　　Ⓓ your calling them
Ⓔ for you to call them

02 I'm not going out until it stops __________ . (계명대 08-1)

Ⓐ rain　　Ⓑ to rain
Ⓒ raining　　Ⓓ be raining

03 If you have just recently purchased a home or are considering to
　　　Ⓐ　　　　　　Ⓑ
refinance your home, take advantage of our low rates. (한성대 00-2)
　　Ⓒ　　　　　　　Ⓓ

04 If people could avoid __________ inside, they wouldn't buy the coffee, cigarettes, and gum that are key to the profits of many stations. (서울여대 99-1) (아주대 03-1)

Ⓐ to go to　　Ⓑ going to
Ⓒ going　　Ⓓ to go

05 I'd appreciate __________ from you as soon as possible.
(경희대 02-1)(경기대 02-1)

Ⓐ to answer　　Ⓑ hearing
Ⓒ reception　　Ⓓ to receive

06 The committee members resented ___________ of the meeting. (세종대 03-2)

Ⓐ the president that he did not tell them
Ⓑ the president not to inform them
Ⓒ the president's not informing them
Ⓓ that the president had failed informing themselves

07 The doctor ___________ quitting smoking to me. (중앙대 04-1)

Ⓐ encouraged   Ⓑ suggested
Ⓒ advised   Ⓓ announced

08 The couple decided finding a regular baby-sitter and set aside every
Ⓐ   Ⓑ   Ⓒ
Saturday night to go out. (단국대 98-2) (서울여대 02-1)
Ⓓ   Ⓔ

09 A: I'll take a trip to New York during coming vacation.
B: Oh, I envy you. I ___________ it this year. (단국대 98-2)

Ⓐ do afford   Ⓑ don't afford
Ⓒ can afford to   Ⓓ can't afford
Ⓔ can't afford to

10 I remember ___________ him last winter. (상명대 00-2)

Ⓐ meeting   Ⓑ to meet
Ⓒ to have met   Ⓓ meet

11 Susan doesn't remember ___________ her sister tomorrow. (아주대 05-1)

Ⓐ call   Ⓑ to call
Ⓒ calling   Ⓓ to have called

12 Being a good flight attendant means to make your passengers feel
Ⓐ   Ⓑ   Ⓒ
relaxed. (경기대 00-2)
Ⓓ

분사에는 현재분사와 과거분사가 있는데, 현재분사란 〈동사원형 + ing〉를 말하고, 과거분사란 〈동사의 세 가지 변화형 중의 세 번째 형태〉를 말한다. 동명사는 동사의 역할을 하면서 동시에 명사의 역할을 하지만, 분사는 동사의 역할을 하면서 동시에 형용사의 역할을 하거나, 혹은 동사의 역할을 하면서 동시에 부사의 역할을 한다. 그렇기 때문에 동명사의 형태와 현재분사의 형태가 동일하지만 구분할 수 있는 것이다.

Chapter 05

분사

01 ▸▸▸ 분사의 종류

구분	단순형	완료형
현재분사	studying	having studied
과거분사	studied	(having been) studied

Walking on tiptoe, I approached her.
나는 조심조심 걸어 그녀에게 다가갔다.

Having drunk the coffee, he washed the cup.
그는 커피를 마시고 나서 컵을 씻었다.

02 ▸▸▸ 현재분사와 과거분사의 의미 차이

1 현재분사

drowning man 물에 빠져 허우적대고 있는 사람 〈진행〉

murdering man 살인자 〈능동〉

A **drowning** man will catch at a straw.
물에 빠진 사람은 지푸라기라도 잡으려고 한다.

2 과거분사

drowned man 익사한 사람 〈완료〉

murdered man 살해당한 사람 〈수동〉

The police found the body of a **drowned** man.
경찰이 익사한 사람의 시체를 발견했다.

03 ▸▸▸ 분사의 두 가지 용법

1 형용사적 용법

I'm reading an **interesting** book. 〈명사 앞에서 수식〉
The tall lady **wearing sunglasses** is Mrs. Robinson. 〈명사 뒤에서 수식〉
The story was quite **boring**. 〈주격보어〉
When did you last have your hair **cut**? 〈목적격보어〉

2 부사적 용법 [분사구문]

$$접속사 + Si + V \sim , \ Si + V \sim \ \rightarrow \ (접속사)\ V\text{-ing} / V\text{-ed} \sim, \ Si + V \sim$$
　　　종속절　　　　　　주절

* 접속사: 조건, 시간, 양보, 이유, 동시동작 [부대상황], 결과

If you turn to the right, you will find the building.

➡ **Turning** to the right, you will find the building. 〈조건〉
오른쪽으로 돌면 그 건물이 보일 것이다.

(After) **eating** his dinner, he rushed out of the house. 〈시간〉
그는 식사를 하고 나서 집을 뛰쳐나갔다.

Admitting what you say, I still can't believe it. 〈양보〉
네 말을 인정한다 하더라도 여전히 믿지 못하겠다.

Wounded in the legs, he could not walk. 〈이유〉
그는 다리에 부상을 입어 걷지 못했다.

Our parents, **smiling**, walked us down the aisle. 〈동시동작〉
우리 부모는 웃으면서 우리를 복도를 따라 배웅했다.

The police officer fired, **wounding** one of the burglars. 〈결과〉
경찰은 총을 쏴서 강도 중의 한 명에게 부상을 입혔다.

 분사구문 앞에 의미상의 주어가 있을 때에는 접속사를 쓰지 못한다.
- While my wife **reading**, I watched TV.(X)
  ➡ My wife **reading**, I watched TV.
  ➡ While my wife **was reading**, I watched TV.

 특수형태의 분사구문: 〈with + 의미상의 주어(목적격) + 분사〉
- His mother left the house **with him sleeping**. 〈~인 채로〉
  그의 어머니는 그가 자도록 내버려둔 채 집을 나갔다.
- **With night coming** on, we started for home. 〈~이니까〉
  밤이 되었기 때문에 우리는 집으로 출발했다.

04 ▸▸▸ 분사구문의 의미상의 주어는 주절의 주어와 다를 때 표시된다: 주격

This done, they all went away.
그들은 이것을 하고나서 모두 다 가버렸다.

It being fine, we went hiking.
날씨가 좋아서 하이킹을 하러갔다.

There being no bus service, we took a taxi.
버스편이 없어서 우리는 택시를 탔다.

05 ▸▸▸ 〈과거분사 + 전치사〉

Frightened by the news, he turned pale.
그는 그 소식에 놀라서 얼굴이 창백해졌다.

This message was sent only to those **interested in** Shakespeare.
이 메시지는 셰익스피어에 관심이 있는 사람들에게만 보내졌다.

He was **convinced of** his ability.
그는 자신의 능력을 확신했다.

Faced with a financial crisis, German auto firms cut production.
독일의 자동차회사들은 금융위기에 직면해서 생산을 감축했다.

 〈현재분사 + 전치사〉

- Who's the man **sitting on** a chair?
  의자에 앉아있는 사람은 누구니?
- After **talking to** you, I always feel better.
  나는 너에게 이야기를 하고나서는 항상 기분이 더 좋아진다.

06 ▸▸▸ 분사는 부사로 수식하는데, 특히 〈부사 + 분사 + 명사〉의 어순에 주의해야 한다.

Frankly speaking, you will be a little disappointed in this film.
솔직히 말하면 너는 이 영화에 약간 실망할 것이다.

How did the **newly invented weapons** impact on how the war was fought on land, in the air and in the sea?
새로 개발된 무기가 육지에서, 공중에서, 바다에서 전쟁이 벌어지는 양상에 어떻게 영향을 끼쳤습니까?

07 ▸▸▸ 분사에 관련된 관용적인 표현 [독립분사구문]

- missing(실종된; 분실된)
- English-speaking society(영어권 사회)
- engaged(바쁜)
- sophisticated(세련된, 정교한)
- money-oriented(황금만능주의의)
- seeing that(~한 것을 보면)
- broadly speaking(넓은 의미로 말하면)
- depending on(~에 따라)
- granted[grant/granting] that(~이라고 하더라도)
- spoken expressions(구어체)
- engaging(매력적인)
- weather permitting(날씨가 좋으면)
- leading(주도적인)
- considering(~을 고려하면)
- frankly speaking(솔직히 말하면)
- given(~만 있으면; ~을 고려해 볼 때)
- judging from[by](~로 판단하건대)

I want to visit England or any other **English-speaking** country.
나는 영국이나 어떤 다른 영어권 국가를 방문하고 싶다.

Given these characteristics, he has the outline of an educated man.
이런 특징들을 고려해 볼 때 그는 교육 받은 사람의 외관을 가지고 있다.

08 ▸▸▸ 유사분사: 〈명사 + -ed〉 '~을 가진' 이라는 소유의 뜻을 나타냄

warm-blooded animals
따뜻한 피를 가진 동물(온혈동물)

a red-**haired** girl
빨간 머리를 가진 소녀

stringed musical instruments
현을 가진 악기(현악기)

high-**heeled** shoes
높은 굽을 가진 신발(하이힐)

05 ▶▶▶ 분사 예제

01 This field has developed many highly sophisticating methods of
Ⓐ Ⓑ
excavating materials and dating, classifying, and analyzing them in
Ⓒ Ⓓ
order to learn about human life in the past. (동국대)

02 Paul is interesting in buying a small printing company soon. (아주대 02-1)
Ⓐ Ⓑ Ⓒ Ⓓ

03 Although writing the birthday card in advance, he forgot to mail it
Ⓐ Ⓑ Ⓒ
until after his mother's birthday. (고려대 학사)
Ⓓ

04 Tom was given the anesthetic by Dr. Lee and said that he noticed no
Ⓐ Ⓑ Ⓒ
pain while having his tooth pulling out. (숙명여대)
Ⓓ

05 Silently I was walking to the door with my eyes __________ .
(총신대 08-1)

Ⓐ closing   Ⓑ are closed
Ⓒ closed   Ⓓ have closed

06 Tom was pretty much tired from the trip, but most people didn't think it was __________ at all. (영남대 08–1)

Ⓐ exhausted

Ⓑ exhausting

Ⓒ exhaust

Ⓓ exhaustion

07 Most of us, __________ whether we would like to be in a position of leadership, will say yes. (한성대 05–2)

Ⓐ asking

Ⓑ having asked

Ⓒ if it is asked

Ⓓ if asked

08 The colorful dressed natives and the strange architecture made the
        Ⓐ   Ⓑ   Ⓒ
traveler realize that he was now in a new world. (성균관대 05–1)
       Ⓓ

09 "Come on, Lisa. How can I feel relaxed with __________ me like that?" (고려대 00–1)

Ⓐ his watching

Ⓑ him to watch

Ⓒ him watching

Ⓓ him to be watching

10 Returning to my house, __________ . (경기대 04–2)

Ⓐ my watch was missing

Ⓑ I found my watch disappeared

Ⓒ I found my watch missing

Ⓓ the watch was missed

11 The elephants in the circus performed some amused tricks.
   Ⓐ   Ⓑ   Ⓒ   Ⓓ
(세종대 03-2)

12 Commercial banks make most of their income from interest __________ on loans and investments in stocks and bonds. (경기대) (동아대 07-1)

Ⓐ earn   Ⓑ earned
Ⓒ to earn   Ⓓ was earned

13 다음 중에서 밑줄 친 부분이 어법상 올바른 문장을 고르시오. (동국대 05-1)

Ⓐ She has learned really fast. She has made astonished progress.
Ⓑ My job makes me depressed.
Ⓒ The lecture was bored. I fell asleep.
Ⓓ It's sometimes embarrassed when you have to ask people for money.

14 __________ in Japan and the United States, Mr. Lee could take over the company after his father's death. (숭실대 04-2)

Ⓐ Educated   Ⓑ To educate
Ⓒ Having educated   Ⓓ Educating

15 Defects occur when liquid helium undergoing a phase transition from
   Ⓐ   Ⓑ   Ⓒ
its normal to its superfluid phase. (세종대 03-2)
   Ⓓ

관계사란 〈절과 절을 연결해주는 말〉로 접속사의 일종이라고 할 수 있다. 관계사는 종류가 7가지로 관계대명사, 관계부사, 관계형용사, 복합관계대명사, 복합관계부사, 복합관계형용사, 유사관계대명사가 있다.

Chapter 06

관계사

01 ▸▸▸ 관계사의 역할

1 관계대명사: 관계사 (=접속사) + 대명사

The woman **who** wears a hat is smiling at me. 〈주어 역할〉
모자를 쓰고 있는 여자가 나에게 웃고 있다.

The people **whom** you met yesterday are Muslims. 〈목적어 역할〉
네가 어제 만났던 사람들은 이슬람교도이다.

He is not the man **that** he was. 〈보어 역할〉
그는 과거의 모습이 아니다.

2 관계부사: 관계사 (=접속사) + 부사

This is the restaurant **where** we had lunch.
여기는 우리가 점심을 먹었던 식당이다.

02 ▸▸▸ 관계사의 특징

관계대명사

선행사	콤마 (,)	전치사	관계대명사
人	O	O	who
物	O	O	which
人/物/人 + 物	X	X	that
X	X	O	what

관계부사

선행사	콤마 (,)	관계부사	= 전치사 + 관계대명사
the time	O	when	at which
the place	O	where	in which
the reason	X	why	for which
the way	X	(how)	in which

1 관계대명사의 격은 관계절의 구조에 의해 결정된다.

who — whose — whom

which — of which / whose — which

```
who _________ V3   O
whom S   V3 _________
whose S   V3   O
전치사 + whom S   V3   O
```

I like the student **who** is diligent. 〈주격〉
나는 부지런한 학생을 좋아한다.

Sarah is a teacher **whom** I like. 〈목적격〉
사라는 내가 좋아하는 선생님이다.

I saw a mountain **whose** top was covered with snow. 〈소유격〉
나는 그 산의 정상이 눈에 덮인 산을 보았다.

This is the man to **whom** I sent the book. 〈목적격〉
이분은 내가 책을 보내준 남자이다.

2 관계대명사 what 앞에는 선행사가 올 수 없다.

Everything what happened was my fault.(X)

➡ **Everything that** happened was my fault.

3 관계대명사 that 앞에는 comma가 못 온다.

John bought three books, **that** he didn't read.(X)

➡ John bought three books **that** he didn't read.
존은 안 읽은 세 권의 책을 샀다.
John bought three books, **which** he didn't read.
존은 책을 세 권 샀는데, 읽지 않았다.

4 the way와 how는 같이 쓰이지 못한다.

This is **the way how** he did it.(X)

➡ This is **the way** he did it.

This is **the way in which** he did it.
바로 이것이 그가 했던 방식이다.

5 관계부사 앞에는 전치사가 올 수 없다.

This is the house **in where** we live.(X)

➡ This is the house **where** we live.

This is the house **in which** we live.

03 ▸▸▸ 관계사의 용법

1 한정적인 용법: 관계절을 먼저 해석

I like girls **who** are pretty and young.

필수조건

나는 예쁘고 젊은 여자를 좋아해(즉, 밉고 늙은 여자는 좋아하지 않는다).

2 계속적인 용법: 앞에서부터 순서대로 해석

I like the girl, **who** is pretty and young.

부연설명

나는 그 여자를 좋아하는데, 예쁘고 젊어.

04 ▸▸▸ 관계절의 구조

1 선행사 + 관계대명사(주격/목적격) + 불완전한 절

I met a woman **who** can speak six languages.
　　　　　　　　　　　　불완전

나는 6개 국어를 할 수 있는 여자를 만났다.

The doctor **whom** he consulted gave him some advice.
　　　　　　　　　　불완전

그가 상담했던 의사가 그에게 약간의 충고를 해주었다.

참고 관계대명사의 생략

　1. 목적격 관계대명사는 생략할 수 있다. 단, 앞에 전치사가 없어야 한다.
　• The man **whom** we met the other day is my English teacher.
　➡ The man we met the other day is my English teacher.
　　요전날 우리가 만났던 사람은 우리 영어선생님이다.

　2. 관계대명사 뒤에 be 동사가 오면 관계대명사와 be 동사를 한꺼번에 생략할 수 있다.
　• This is a novel **which was** written by Hemingway.
　➡ This is a novel written by Hemingway.
　　이것은 헤밍웨이에 의해서 쓰여진 소설이다.

2 선행사 + 관계대명사(소유격) + 완전한 절

A child **whose** parents are dead is called an orphan.
　　　　　　　　　　완전

부모가 죽은 아이는 고아라고 불린다.

I saw a mountain **whose** top was covered with snow.
　　　　　　　　　　　　완전

나는 그 산의 정상이 눈에 덮혀 있는 산을 보았다.

3 선행사 + 관계부사 + 완전한 절

Tell me the day **when** it will rain.
완전

비가 올 날을 나한테 말해줘.

The gardens **where** we planted pine trees belong to the city.
완전

우리가 소나무를 심은 정원은 시의 소유이다.

4 선행사 + 전치사 + 관계대명사 + 완전한 절

That happened during the time **at which** you were away.
완전

그것은 네가 없는 동안에 벌어졌다.

This is the house **in which** I live.
완전

이것은 내가 살고 있는 집이다.

05 ▸▸ 관계대명사 which의 선행사는 〈(대)명사〉뿐만 아니라, 〈형용사〉, 〈동사(구)〉, 〈절 전체〉가 되기도 한다.

He is rich, **which** I am not. 〈형용사〉
그는 부자이지만 나는 그렇지 않다.

He tried to solve the problem, **which** I found quite useless. 〈동사구〉
그는 문제를 풀려고 했지만 나는 그것이 꽤 부질없는 짓이라고 여겼다.

I said nothing, **which** made him angrier. 〈절 전체〉
나는 아무 말도 안했는데 바로 그것이 그를 더 화나게 했다.

06 ▸▸ 선행사가 부정대명사(all, any, every, no 등)나 의문대명사(who, what 등)인 경우에는 관계대명사 that을 쓴다.

All that glitters is not gold.
반짝이는 모든 것이 다 금인 것은 아니다.

Who that is sane can sing a song in class?
제정신인 누가 수업 중에 노래를 부를 수 있겠니?

07 ▸▸▸ 관계대명사 what에 관련된 관용적인 표현

1 what S is [was/used to be] : S의 현재[과거]의 상태나 모습

He owes **what he is** mainly to his father.

그는 현재 자신의 모습을 주로 아버지의 덕택으로 돌린다.

2 what little [few] : 적지만 있는 만큼의

I will give you **what little** money I have.

적지만 지금 나한테 있는 만큼의 돈을 너에게 주겠다.

3 what is now [today] ~ : 지금[오늘날] ~가 있는 곳

The pilgrims settled on the eastern shores of **what is now** New England.

청교도들이 지금 뉴잉글랜드가 있는 곳의 동부해안에 정착했다.

4 A is to B what[as] C is to D : 비례식

Hunger is to food **what** zeal is to life.

시장의 음식에 대한 관계는 열정의 삶에 대한 관계와 같다.

08 ▸▸▸ 주의해야할 선행사

one of + 복수명사 + 관계대명사: 복수명사가 선행사

the only one of + 복수명사 + 관계대명사: one이 선행사

Julie is one of **the students** who **have** passed the exam.
쥴리는 시험에 합격한 학생들 중의 하나이다.

Julie is the only **one** of the students who **has** passed the exam.
쥴리는 학생들 중에서 시험에 합격한 유일한 하나이다.

비교 <(the only) one of + 한정사 + 복수명사>가 주어로 쓰이는 경우에는 단수 취급

- **One** of the students **is** from Asia.
  그 학생들 중의 하나가 아시아 출신이다.
- The only **one** of the students **is** from Asia.
  그 학생들 중의 유일한 하나가 아시아 출신이다.

09 ▸▸▸ 〈인식동사〉가 사용된 삽입절은 관계대명사의 격을 결정할 때 무시한다.

This is the poem of a poet **who** <u>I believe</u> is greater than Keats.
삽입

이것은 내가 믿는 바로는 키츠보다 더 위대한 시인의 시다.

비교 This is the poem of a poet **whom** I believe to be greater than Keats.
이것은 내가 키츠보다 더 위대하다고 믿는 시인의 시다.

10 ▸▸▸ 주어가 같고, 관계대명사 앞에 전치사가 있을 때 관계절을 〈to 부정사〉로 축약할 수 있다.

I have a house **in which I** live.
→ I have a house **in which to live**.

 〈전치사 + 관계대명사〉

1. 관계절에서 도치된 전치사
- Margaret Mitchell wrote the novel **on** which the film **is based**.
  마가렛 미첼은 그 영화의 토대가 된 소설을 썼다.

2. 선행사에 의해 결정된 전치사
- We should understand **the degree to** which the situation has changed.
  우리는 상황이 변한 정도를 이해해야 한다.

11 ▸▸▸ 〈of + 관계대명사〉

1 ~의: 소유격

Look at the house the roof **of which** is red.

➡ Look at the house **of which** *the* roof is red.

➡ Look at the house **whose** roof is red.
그 집의 지붕이 빨간 집을 봐라.

2 ~중에서: 부분

I bought a dozen eggs, two **of which** were bad.

➡ I bought a dozen eggs, **of which** two were bad.
내가 달걀 12개를 샀는데 그 중에서 두 개가 나빴다.

12 ▸▸▸ 기타 관계사

1 복합관계대명사: whatever / whichever / whoever
복합관계대명사의 격은 바로 앞에 있는 전치사와는 무관하게 결정된다.
He told the story *to* **whoever** would listen.

> **참고** what(so)ever: 전혀(at all)
>
> - He has no sense **what(so)ever**.
>   그에게는 전혀 센스가 없다.

2 복합관계부사: however / whenever / wherever
however [no matter how]의 어순은 <however [no matter how]
+ 형용사 / 부사 + S + V>이다.
However stupid he is, he wouldn't do that.
그가 아무리 어리석다 하더라도 그렇게 하지 않을 것이다.

> **참고** how + 형용사 / 부사 + S + V
>
> - I know **how beautiful the picture is**.

3 복합관계형용사: whatever / whichever
You may read **whatever** book you like.
수식
맘에 드는 책이라면 무슨 책이든 읽어도 돼.

Choose **whichever** book you like.
수식
맘에 드는 책이라면 어떤 책이든 골라라.

4 유사관계대명사

such ~ as, the same ~ as, 비교급 ~ than, as ~ as, 부정어 ~ but

Choose **such** friends **as** will benefit you. 〈불완전한 절〉
너에게 도움이 될 그런 친구를 골라라.

비교 She had **such** a fright **that** she fainted. 〈완전한 절〉
그녀는 너무나 놀라서 기절했다.

I want to buy **the same** watch **as** I lost yesterday.
나는 어제 잃어버린 것과 같은 (종류의) 시계를 사고 싶다.

비교 I want to find **the same** watch **that** I lost yesterday.
나는 어제 잃어버린 바로 그 시계를 찾고 싶다.

Don't use **more** words **than** are necessary.
필요한 것 보다 더 많은 말을 하지 마라.

비교 He is **more** diligent **than** you (are). 〈비교문〉
그는 너보다 더 부지런하다.

As many passengers **as** were in the bus were injured.
버스에 탔던 많은 승객들이 다쳤다.

비교 He is **as** tall **as** I (am). 〈비교문〉
그는 나만큼 키가 크다.

There was **no** man **that** did **not** admire her. <that ~ not>
➡ There was **no** man **but** admired her. <but>
그녀를 존경하지 않은 남자가 없었다.

06 ▸▸▸ 관계사 예제

01 밑줄 친 부분이 어법상 틀린 것은? (한성대 05-2)

Ⓐ I have a photograph of the home <u>where</u> I grew up.

Ⓑ The city <u>where</u> I was born has a lot of parks.

Ⓒ I like to shop at stores <u>where</u> I can find products from different countries.

Ⓓ She wants to rent the apartment <u>where</u> she saw last Sunday.

02 All __________ is a continuous supply of fuel oil. (계명대 03-1)

Ⓐ what is needed　　　　　　　Ⓑ that is needed
Ⓒ the thing needed　　　　　　Ⓓ for their needs

03 My parents have made me __________ I am. (서울산업대 01-1)

Ⓐ what　　　　　　　Ⓑ where
Ⓒ those who　　　　　Ⓓ whose

04 The shore patrol <u>has found</u> the body of a man <u>who</u> <u>they</u> believe to
　　　　　　　　　　　　Ⓐ　　　　　　　　　　Ⓑ　　Ⓒ
be the <u>missing</u> biologist. (홍익대)
　　　　Ⓓ

05 I am glad to give you __________ little money I have. (경기대)

Ⓐ any　　　　　　　Ⓑ all
Ⓒ which　　　　　　Ⓓ what

06 He arrived half an hour late, __________ annoyed us very much.
(경성대)

Ⓐ that   Ⓑ as
Ⓒ which   Ⓓ what

07 The Delaware Indians lived on the site of __________ long before
Europeans arrived. (세종대 04-2)

Ⓐ what is now Philadelphia   Ⓑ now Philadelphia is
Ⓒ it is now Philadelphia   Ⓓ where is now Philadelphia

08 Mr. Kim is one of those men who appears to be kind; however, it is
                               Ⓐ   Ⓑ
very difficult to deal with him. (건국대 03-1)
              Ⓒ   Ⓓ

09 I sent invitations to 80 people, __________ have replied. (서울여대)

Ⓐ of whom only 20 of these   Ⓑ only 20 of these who
Ⓒ of whom only 20   Ⓓ only 20 who

10 __________ , there is always a risk that the money will run out if a
winner overspends and does not invest wisely. (단국대 07-1)

Ⓐ However large is the jackpot
Ⓑ No matter how is the jackpot large
Ⓒ However the jackpot is large
Ⓓ No matter how large the jackpot is

11 Every sound what occurs in human languages can be represented
  　　　　　 ⒶＡ　　　 　Ⓑ

by means of the phonetic alphabets. (세종대 05-1)
　　Ⓒ　　　 Ⓓ

12 Angelina is trying to buy the same necklace __________ she lost two
months ago. (계명대 04-2)

Ⓐ as　　　　　　　　　　　　Ⓑ that
Ⓒ which　　　　　　　　　　　Ⓓ whose

13 Look at the mountain __________ is covered with snow. (계명대 01-2)

Ⓐ the top in which　　　　　　Ⓑ in which top
Ⓒ what top　　　　　　　　　　Ⓓ whose top

14 This is the poem of a poet __________ I believe is greater than Keats.
(전북산업대)

Ⓐ that　　　　　　　　　　　　Ⓑ who
Ⓒ whose　　　　　　　　　　　Ⓓ whom

15 다음 두 문장이 뜻이 같아지도록 괄호에 들어갈 알맞은 영어 한 단어를 쓰시
오. (숭실대)

There is no living creature that does not die.
= There is no living creature (　　　　) dies.

16 He awaited final instructions about giving the reward to whomever
    Ⓐ   Ⓑ   Ⓒ   Ⓓ

had found the lost dog. (성균관대 05-1)
     Ⓔ

17 The person whom lost a wallet may claim it at the information desk.
         Ⓐ   Ⓑ   Ⓒ Ⓓ

(동덕여대 08-1)

18 Monica Grant went to a small college in Pennsylvania, that was not
                 Ⓐ   Ⓑ   Ⓒ

one of the top schools in the country. (홍익대 07-1)
   Ⓓ

19 The computer has dramatically affected the way how photographic
     Ⓐ   Ⓑ   Ⓒ

lenses are constructed. (계명대 00-2)
     Ⓓ

20 Because table manners are drummed into us so early, the rules
                 Ⓐ

which they are based, rarely need to be remembered once we have
  Ⓑ   Ⓒ   Ⓓ

grown up.(명지대 04-2)

접속사란 연결사와 같은 것으로 〈어떤 요소와 어떤 요소를 연결하는 말〉을 가리킨다. 크게 등위접속사와 종속[종위]접속사 두 가지가 있다. 등위접속사와 다르게 종속접속사는 오로지 절과 절만을 연결할 수 있다는 점에 주의해야 한다. 그러나 등위접속사는 병치구문만 된다면 어떤 요소든 연결할 수 있다.

Chapter 07

접속사

01 ▸▸▸ 등위접속사

1 종류: and, but [yet], or, so, for 등

2 특징: 절 앞으로 도치가 안 되고, 〈병치구문〉을 형성한다. (☞ 병치편 참조)

He can play tennis, baseball, **and** football.
<u>명사</u>　　<u>명사</u>　　　<u>명사</u>

그는 테니스, 야구, 그리고 축구를 할 수 있다.

They tortured the soldiers, **but** released them.
　　<u>동사구</u>　　　　　<u>동사구</u>

그들은 그 병사들을 고문했지만 풀어주었다.

Hold your tongue! **or** Shut up!
　<u>명령문</u>　　　<u>명령문</u>

잠자코 있어라, 혹은 입을 닥쳐라.

02 ▸▸▸ 종속[종위]접속사

1 명사절: that / 의문사

That rubella is caused by a virus was not known until 1915.
　　　　　<u>주어</u>

루벨라가 바이러스에 의해 발병된다는 사실이 1915년까지는 알려지지 않았다.

I don't know **when** it will rain.
　　　　　<u>목적어</u>

That is **how** it happened.
보어

주의 의문사절의 어순: 〈의문사 + (S) + V 〉의문사절은 절대로 도치될 수 없다.

- I don't know **when** will it rain.(**X**)
  - ➡ I don't know **when** it will rain.

참고 의문사절의 구조

1. 의문대명사: 불완전
- Tell me **what** has happened.
  불완전

2. 의문부사: 완전
- I don't know **when** it will rain.
  완전

- Do you know **how** old he is?
  완전

참고 의문대명사 **what**과 **which**의 구분

- Do you know **what** he has done?
  너는 그가 무엇을 했는지 아니?
- I wonder **which** *of the teams* will win.
  나는 그 팀들 중에서 어떤 팀이 이길지 궁금하다.

참고 **that**-절의 구조: 완전

- I believe **that** you'll get on in the world.
  완전
  나는 네가 출세할 거라고 믿는다.

참고 전치사 + **that**-절(**X**)

- Write about **that** you would like to go for a perfect vacation.(**X**)
  - ➡ Write about **where** you would like to go for a perfect vacation.
    완벽한 휴가를 위해 네가 가고 싶은 곳에 대해 써라.

참고 명사 + **that**-절: 동격절

- **The fact that** the earth is round is common sense today.
  지구가 둥글다는 사실은 오늘날 상식이다.

주의 if와 **whether**의 차이

1. if-절은 타동사의 목적어로만 쓰일 수 있다.

• I don't know **if** he would come.
　　　　　　　　目的어

2. whether는 부정문을 이끌 수 없다.

• I don't care **whether** it doesn't rain.(X)
　　　　　　　　　　　　부정문

➡ I don't care **if** it doesn't rain.
　　　　　　　　　　부정문

2 부사절: 의문사(when, where, how, whether) / that 이외의 접속사

These flowers will bloom when it rains.
　　　　　완전　　　　　　　　　부사절

비가 올 때 이 꽃은 필 것이다.

Do it how you can.
완전　　　부사절

어떻게든 해보아라.

If it rains tomorrow, I will stay at home.
　　　부사절　　　　　　　　완전

내일 비가 오면 나는 집에 있을 것이다.

Because I trust him, I have appointed him.
　　　　부사절　　　　　　　　완전

그 사람을 신뢰하기 때문에 나는 그를 임명했다.

참고 so [such] ~ that ... 구문에서는 **that**-절이 부사절로 쓰인다.

• She gave **so** witty an answer **that** everyone burst out laughing.
그녀가 매우 재치 있는 대답을 해서 모두가 웃음을 터뜨렸다.

03 ▸▸▸ that과 because의 차이

The reason is **because** I am tired.(X)

➡ **The reason** is **that** I am tired.

= It [This] is **because** I am tired.
그것은 내가 피곤하기 때문이다.

참고 for와 because의 차이: for의 경우에는 because와 다르게 바로 앞에 콤마(,)가 온다.

- I was late **because** my car broke down.
차가 고장 나서 나는 지각했다.
- It is morning, **for** the chickens are singing.
이제 아침이다. 그것은 닭이 울고 있기 때문이다.

참고 세미콜론(;)과 콜론(:)의 차이

- I went to bed early last night**; because** I was tired.(X)
접속사   접속사

➡ I went to bed early last night **because** I was tired.
접속사

- I think, **therefore** I am.(X)
부사

➡ I think**; therefore** I am.
접속사   부사

나는 생각한다. 고로 나는 존재한다.

- The National Shakespeare Company will perform the following plays**;**
Athelia, Macbeth, Hamlet, and As You Like It.(X)   접속사

➡ The National Shakespeare Company will perform the following plays**:**
Athelia, Macbeth, Hamlet, and As You Like It.   즉
국립셰익스피어회사는 다음과 같은 연극을 공연할 것이다.
즉, 〈아델리아〉, 〈맥베스〉, 〈햄릿〉, 〈뜻대로 하세요〉이다.

04 ▸▸▸ 등위상관접속사

1 both A and B = at once A and B = alike A and B = A and B alike 〈항상 복수 취급〉

Both my mother **and** my sister **are** here.

➡ **At once** my mother **and** my sister **are** here.

➡ **Alike** my mother **and** my sister **are** here.

➡ My mother **and** my sister **alike are** here.

2 not A but B = B, not A 〈B에 일치〉

Not you **but** my sister **is** to blame.

➡ My sister, **not** you, **is** to blame.
네가 아니라 내 누이가 비난을 받아야 한다.

참고 ▸ B, but not A라고 하기도 한다.

3 not only A but (also) B = not only A but B (as well) 〈B에 일치〉

Not only my aunt **but also** my uncle **is** here.

➡ **Not only** my aunt **but** my uncle **as well is** here.

4 Either A or B ~ not ~ (X) ➡ Neither A nor B ~ 〈B에 일치〉

Either my uncle **or** my parents **are not** here.(X)

➡ **Neither** my uncle **nor** my parents **are** here.

5 B as well as A = A and B as well 〈B에 일치〉

You **as well as** he **are** to blame for the accident.

→ He **and** you **as well are** to blame for the accident.
그 뿐만 아니라 너도 그 사고에 대해 책임을 져야 한다.

05 ▸▸▸ 〈불확실성〉을 나타내는 표현은 that-절을 취하지 못하고 의문사절을 취한다.

<doubt / wonder / don't know [have no idea] / ask 등 + 의문사절>

I **wonder if** she is at home.
나는 그녀가 집에 있는지 궁금하다.

He **asked whether** I liked it.
그는 내가 그것을 좋아하는지 물었다.

Bill **wanted to know why** he had not been invited.
빌은 왜 자기가 초대를 받지 못했는지 알고 싶었다.

주의 불확실성을 나타내는 표현처럼 보이지만 실제로는 확실성을 나타내는 경우

- I **didn't know that** Americans don't drink out of saucers.
  나는 미국인들은 잔받침에 흐른 것은 마시지 않는다는 사실을 옛날에는 몰랐다.
  (즉, 지금은 안다)

참고 〈의문사 + to 부정사〉

- I never know **what** clothes I should take when I go on a trip.
  → I never know **what** clothes **to take** when I go on a trip.
    여행갈 때 어떤 옷을 가져가야 하는지 나는 모르겠다.

06

think, believe, imagine, suppose 등과 같은 〈인식동사〉의 경우에는 의문문에서 목적어 자리에 의문사절이 올 때, 의문사절을 이끄는 의문사가 절 맨 앞으로 도치되어야 한다. 단, know의 경우에는 도치가 되지 않는다.

Do you **think who** wrote the novel?(X)

→ **Who** do you **think** wrote the novel?
너는 누가 그 소설을 썼다고 생각하니?

Who do you **know** wrote the novel?(X)

→ Do you **know who** wrote the novel?
너는 누가 그 소설을 썼는지 아니?

07 ▶▶▶ Once S + V ~, S + V ... : 일단 ~하면

Once you start, you must attain your object.
너는 일단 시작하면 목적을 달성해야 한다.

08 ▸▸▸ Now (that) S + V ~, S + V ... : ~한 이상

> **Now** (**that**) you are a gentleman, you must not behave this way.
> 네가 신사인 이상 이런 식으로 행동해서는 안 된다.

09 ▸▸▸ in that ~ : in the sense that의 줄임말로 '~라는 점 [의미]에서 볼 때'라는 뜻이다.

> Men differ from brutes **in that** they can think and speak.
> 〈항상 주절 뒤에만 옴〉
> 인간은 생각할 수 있고 말할 수 있다는 점에서 볼 때 동물과 다르다.

10 ▸▸▸ in case ~ : ~에 대비하여; ~한 경우에

Take your umbrella in case it should rain.
비가 올 것에 대비하여 우산을 가져가라.

In case there is an accident, report it to me at once.
사고가 나는 경우에 즉시 나한테 보고해라.

참고 in any case = be that as it may 어떤 경우에든; 여하튼

- **In any case** there was no reply.
  어떤 경우에도 대답이 없었다.

11 ▸▸▸ lest ~ (should) = for fear (that) ~ (should)

Make haste lest you (should) be late.
늦지 않도록 서둘러라.

12 ▸▸ how / however + 형용사 / 부사 + S + V

They don't know **how excellent the food is**.
그 음식이 얼마나 훌륭한지 그들은 모른다.

However excellent the food may be, they feel that it is uninteresting.
그 음식이 아무리 훌륭하다 하더라도 그들은 그것이 흥미를 느끼게 하지 못한다고 생각한다.

13 ▸▸▸ 비례식: ⟨A : B = C : D⟩

Captain **is to** steamship **what** [**as**] dean **is to** college.

➟ **What** [**As**] dean **is to** college, captain **is to** steamship.

➟ **The relation** of captain **to** steamship is **the relation** of dean **to** college.

➟ Captain is **in the relation to** steamship **what** dean is **in the relation to** college.
선장의 증기선에 대한 관계는 학장의 대학에 대한 관계와 같다.

14 ▸▸▸ 양보절에서 주격보어가 도치될 수 있다.

Though it may be **old**, it is still very beautiful.
➡ **Old though** [**as**] it may be, it is still very beautiful.
그것은 낡았다 하더라도 여전히 매우 아름답다.

주의▸ although의 경우에는 도치가 되지 않는다.

- **Although** it may be **old**, it is still very beautiful.
  ➡ **Old although** it may be, it is still very beautiful.(**X**)

주의▸ 명사가 도치될 때에는 관사가 탈락된다.

- **Though** he was **a hero**, he turned pale.
  ➡ **Hero though** [**as**] he was, he turned pale.
  그는 영웅이라 하더라도 얼굴이 창백해졌다.

15 ▸▸▸ like와 as의 차이

Brazil would not treat people **like** the USA.
브라질은 미국같이 사람을 다루려고 하지 않는다.

I attended the meeting **as** adviser.
나는 고문으로서 회의에 참석했다.

He looked **like** he were in some strange land.(X)
<u>주어</u>

➡ He looked **as if** [**though**] he were in some strange land.
그는 이상한 나라에 있는 것처럼 보였다.

As they treat me, **so** do I treat them. <As ~, so~>
사람들이 나를 대접하는 대로 나도 사람들을 대접한다.

16 ▸▸▸ 강조구문

1 〈It is [was] ~ that / who(m) / which ~ 〉의 형식을 쓴다.

2 be 동사의 시제와 that – 절의 동사의 시제는 서로 일치시킨다.

3 부사를 강조할 때는 that만 쓴다.

It was I **who** [**that**] met her in the park yesterday.
　　　주어
어제 공원에서 그녀를 만난 사람은 바로 나였다.

It was her **whom** [**that**] I met in the park yesterday.
　　　목적어
어제 공원에서 내가 만난 사람은 바로 그녀였다.

It was in the park **that** I met her yesterday.
　　　부사
내가 어제 그녀를 만난 곳은 바로 공원이었다.

17 ▸▸▸ 부가의문문

1 〈주절 + 주절〉의 구조에서는 끝에 있는 절에 일치시킨다.

He is a good student, and he always helps others, **doesn't he**?

주절 　　　　　　　　　　주절

그는 훌륭한 학생이고 항상 남을 도와, 그렇지 않니?

2 〈주절 + 종속절〉의 구조에서는 주절에 일치시킨다.

There was someone that despised him in his presence,

주절 　　　　　　　　　　종속절

wasn't there?

면전에서 그를 경멸한 사람이 있었어, 그렇지 않니?

3 주절에 〈인식동사가 사용된 문장〉에서는 종속절에 일치시킨다. 단, 주절의 부정어는 부가의문문에 영향을 미친다.

I **don't think** that he will help you with the work, **will he**?

주절 　　　　　　　　종속절

나는 그가 너의 일을 도와줄 거라고 생각하지 않아, 그렇지?

 특수한 부가의문문

1. 〈제안명령문〉에는 Shall we를 쓴다.
- **Let's** have dinner together, **shall we**?

2. 지시대명사 this [those]는 it [they]으로 받는다.
- **This** is his book, **isn't it**?

3. 〈유도부사가 사용된 문장〉에서는 유도부사를 주어로 취급한다.
- **There** is a book on the desk, **isn't it**?(X)
  ➡ **There** is a book on the desk, **isn't there**?

07 ▸▸▸ 접속사 예제

01 He's already made his reservation for next Sunday, __________ ?
(동아대 2003-1)

Ⓐ isn't he
Ⓒ hasn't he
Ⓔ does he

Ⓑ doesn't he
Ⓓ is he

02 Which really stimulates economic growth is whether you believe in an
  Ⓐ   Ⓑ   Ⓒ
afterlife, especially hell. (고려대 04-2)
  Ⓓ

03 __________ as he was, he had more sense than his father. (광운대 03-2)

Ⓐ A child
Ⓒ Child

Ⓑ The child
Ⓓ Children

04 __________ investors shift funds among countries, they foster booms
and busts. (한양대 02-1)

Ⓐ There
Ⓒ Despite

Ⓑ What
Ⓓ As

05 Mrs. Wilson does not know __________ the computer after they had
finished using it. (홍익대 00-2)

Ⓐ where did they put
Ⓒ where they puts

Ⓑ where they put
Ⓓ where to put

06 The reason I didn't go to America was __________ a new job. (경원대)

    Ⓐ due to   Ⓑ because of getting
    Ⓒ because I got   Ⓓ that I got

07 The cost of a college education has risen as rapidly during the past
                                Ⓐ   Ⓑ   Ⓒ
several years that it is now beyond the reach of many people. (경기대)
                             Ⓓ

08 The wages of production workers could not be allowed to sink too low, __________ there be insufficient purchasing power in the economy.
(성신여대 08–1)

    Ⓐ therefore   Ⓑ because
    Ⓒ where   Ⓓ lest

09 I really wonder __________ . (경희대 04–1)

    Ⓐ that John failed the exam
    Ⓑ who John failed the exam
    Ⓒ the fact that John failed the exam
    Ⓓ why John failed the exam

10 Advertising is distinguished from other forms of communication __________ the advertiser pays for the message to be delivered.
(숙명여대 08–1)

    Ⓐ which   Ⓑ owing to
    Ⓒ as   Ⓓ how
    Ⓔ in that

11 Puzzling __________ the manuscript was, the scholars found it a fabulous find. (서강대 07-1)

Ⓐ as
Ⓒ because

Ⓑ although
Ⓓ if

12 As cell phones have become more prevalent, __________ . (경희대 07-1)

Ⓐ so too does lateness
Ⓒ lateness has so too

Ⓑ so too has lateness
Ⓓ lateness does so too

13 __________ peaches are classified as freestone or clingstone depends on how difficult it is to remove the pit. (세종대 04-2)

Ⓐ The
Ⓒ Whether

Ⓑ About
Ⓓ Scientifically

14 Much of __________ about the behaviour of porpoises has come from observations made at Sea World in Florida. (경희대 02-1)

Ⓐ said what is
Ⓒ what is said

Ⓑ what is it said
Ⓓ it says what

15 Mrs. Roosevelt was not only an elegant first lady and also an able
　　　　　　　　　　　　　Ⓐ　Ⓑ　　　　　　　　　　　　　　Ⓒ　Ⓓ
ambassador of good will of the U. S. (경희대 03-1)

15 밑줄 친 부분이 어법상 올바른 것은? (동국대 05-1)

Ⓐ This letter is for Susan. Can you give it to her <u>in case</u> you see her?

Ⓑ I'm playing tennis tomorrow <u>providing</u> it doesn't rain.

Ⓒ If you want to take the exam, you should register <u>until</u> April 3rd.

Ⓓ Write your name and address on your bag <u>if</u> you lose it.

17 It was in 1875 ___________ joined the staff of the astronomical observatory at Harvard University. (세종대 04-2)

Ⓐ that Anna Winlock   Ⓑ Anna Winlock, who

Ⓒ as Anna Winlock   Ⓓ Anna Winlock then

18 John <u>would</u> accept the assignment <u>if asked to</u>, <u>not because</u> he wants
     Ⓐ   Ⓑ   Ⓒ

to work overseas <u>except because</u> he is a yes-man. (강남대 01-2)
                 Ⓓ

19 <u>That there</u> are certain <u>merits</u> to the current system, the program
     Ⓐ   Ⓑ

cannot <u>be useful</u> in <u>such a</u> larger organization. (경기대 05-1)
       Ⓒ   Ⓓ

20 Before I <u>travelled in</u> East Asia, I had no notion <u>which</u> Japanese,
        Ⓐ   Ⓑ

Chinese,and Korean <u>arts</u> were <u>so</u> beautiful. (중앙대 05-2)
         Ⓒ   Ⓓ

시제란 〈시간을 나타내기 위해 동사가 취하는 여러 가지의 형태〉로 총 12가지가 있다. 시간은 자연적 개념이지만 시제는 이론적 개념이다. 시제를 결정짓는 것은 시간부사이기 때문에 시간부사의 쓰임에 항상 주의해야 한다. 시간부사는 종류가 굉장히 많기 때문에 여기에서는 편입시험에 주로 출제되는 것만 정리했다.

Chapter

08

시제

01 ▸▸▸ 12시제

현재 시제

1 **단순현재:** study / studies
현재의 상태, 현재의 습관적인 동작, 일반적인 사실, 미래사실

2 **현재완료:** have studied / has studied
완료, 결과, 경험, 계속

3 **현재진행:** am studying / is studying/are studying
현재 진행 중인 동작, 아직 끝나지 않은 동작, 근접 미래

4 **현재완료진행:** have been studying / has been studying
어떤 동작이 과거에서부터 현재까지 계속됨

과거 시제

5 **단순과거:** studied
과거에 일어난 동작, 과거의 습관적인 동작, 역사적인 사실

6 **과거완료:** had studied
완료, 결과, 경험, 계속

7 **과거진행:** was studying / were studying
과거에 진행 중인 동작, 과거에 반복해서 일어나는 동작

8 **과거완료진행:** had been studying
과거의 한 시점싸지 어떤 동작이 계속됨

미래 시제

9 **단순미래:** will[shall] study
운명적인 필연, 단순한 추측, 의지

10 미래완료: will[shall] have studied
완료, 경험, 계속

11 미래진행: will[shall] be studying
미래시점에서 진행 중인 동작, 자신의 의지와는 무관하게 미리 결정된 계획

12 미래완료진행: will[shall] have been studying
미래의 한 시점까지 어떤 동작이 계속됨

02 ▸▸▸ 종속절의 시제는 주절에 일치시켜야한다.

주절(과거 시제) ← 종속절(과거 / 과거완료 시제)

주절(현재 시제) ← 종속절(현재 / 현재완료 시제, 혹은 시간 부사에 의해 결정)

I **thought** that he **was** ill.

I **thought** that he **had been** ill.

He **says** that he **works** in LG.

He **says** that he **has worked** in LG.

He **says** that he **worked** in LG **two years ago**.

He **says** that he **will work** in LG **next year**.

03 ▸▸▸ 시제일치의 예외

1 역사적 사실: 무조건 과거 시제

He **said** that the Korean War **broke** out in 1950.
그는 1950년에 한국전쟁이 일어났다고 말했다.

2 일반적 사실 혹은 진리: 무조건 현재 시제

He **said** that lightning rarely **strikes** twice in the same place.
그는 번개는 같은 장소에 두 번 내리치지 않는다고 말했다.

04 ▸▸▸ 〈시간 부사절〉과 〈조건 부사절〉에서는 현재나 현재완료 시제로 미래를 나타내고, 주절에는 만약에 필요하다면 미래 시제를 쓸 수 있다.

1 시간 부사절이란 '시간'의 뜻을 나타내는 부사절로 시간 부사절을 이끄는 접속사에는 when, while, after, before, until [till] 등이 있다.

I will wait until he **comes**.
　　　　　　　시간 부사절

2 조건 부사절이란 '조건'의 뜻을 나타내는 부사절로 조건 부사절을 이끄는 접속사에는 if, unless, once, provided [providing] 등이 있다.

If I **know** his address, I will give it to you.
　　조건 부사절

05 ▸▸▸ 시간 부사

1 현재 시제 부사

> (almost) always, as usual [always], every morning,
> every Sunday, twice a week

I (**almost**) **always get** up at six.

2 과거 시제 부사

> just now, then, in those days, in 1950 / in the 1950's, two
> years ago, last night [week / month / year]

The Korean War **broke** out **in 1950**.
Stewart **in the 1950s was** demonstrably middle-aged.
스튜어트는 1950년대에 분명히 중년이었다.

 '~대'란 뜻의 사람의 나이를 나타내는 표현

- He is **in his** (early / mid / late) **50's**.
  그는 50대 (초반/중반/후반)이다.

I **arrived** in England **last week**.
I **met** him **two years ago**.
나는 (현재로부터) 2년 전에 그를 만났다.

비교 before

- I **said** that I **had met** him **two years before**.
  나는 (말한 것을 기준으로) 2년 전에 그를 만났다고 말했다.
- I **met[have met]** him **before**.
  나는 (현재로부터) 전에 그를 만났다[만난 적이 있다].

3 완료 시제 부사

> 완료: just, already, yet
> 계속: (ever) since, for [in], so far [as yet]
> 경험: ever, never, before, twice

He **has lived** here (ever) **since** he **was** born.
그는 태어난 이후로 쭉 여기에서 살아왔다.

He **has been** with us **since two years ago**.
그는 2년 전 이후로 우리와 함께 있어왔다.

He **has been** with us **for two years**.
그는 2년 동안 우리와 함께 있어왔다.

비교 현재 시제 + since

- It **is** three years **since I came** to Seoul.
  내가 서울에 온 이후로 올해가 3년째다.

  ➡ Three years **have passed since I came** to Seoul.
    내가 서울에 온 이후로 3년이 흘렀다.

비교 과거완료 시제 + since

- He **said** that one year **had passed since his inauguration**.
  그는 취임이후로 일 년이 지났다고 말했다.

참고 when이 의문문에 쓰일 때에는 완료 시제를 취하지 못한다.

- **When have** you **entered** the university?(X)
  ➡ **When did** you enter the university?

4 진행 시제 부사:

> right now, when the bell rang, soon

She **is having** dinner **right now**. 〈현재진행〉
그녀는 바로 지금 식사를 하고 있는 중이다.

I **was reading** a newspaper **when the bell rang**. 〈과거진행〉
초인종이 울렸을 때 나는 신문을 읽고 있었다.

He **is leaving soon**. 〈현재진행: 근접 미래〉
그는 곧 떠날 예정이다.

비교 진행 시제가 불가능한 동사: believe, belong to, have, know, lack, possess 등

- We **have been knowing** each other since high school.(X)
  ➡ We **have known** each other since high school.
    우리는 고등학교 이후로 서로를 알아왔다.

참고 • He **is lacking in** common sense.
  그에게는 상식이 결여되어 있다.

주의 진행 시제가 불가능한 동사처럼 보이는 경우

- I **am feeling** the ground with my foot.
  나는 발로 땅을 더듬고 있다.
- Mary **is resembling** her mother more and more.
  메리는 점점 자신의 어머니를 닮아가고 있다.

06 ▸▸▸ 전치사 by와 until [till]이 '~까지'라는 뜻으로 쓰일 때, by는 〈완료〉를 나타내고 until[till]은 〈계속〉을 나타낸다.

By 5 o'clock tomorrow I will have finished. 〈완료〉
내일 5시까지 나는 끝낼 것이다.

I will wait for you **until[till] 5 o'clock**. 〈계속〉
나는 5시까지 너를 기다릴 것이다.

07 ▸▸▸ 완료 시제에 관련된 관용적인 표현

have been in : 경험, 계속	have been to : 경험
have gone to : 결과	

I **have been in** America before.
나는 전에 미국에 산 적이 있다.

I **have been in** America for 5 years.
나는 오 년 동안 미국에 살고 있다.

I **have been to** America.
나는 미국에 갔다 왔다.

She **has gone to** America(, so she is not here).
그녀는 미국에 가버렸다. (그래서 그녀는 여기에 없다.)

08 ▸▸▸ 동시동작을 나타내는 표현:
~하자마자 ...하다

1 Scarcely[Hardly] + 과거완료 시제 + when[before] + 과거 시제
= No sooner + 과거완료 시제 + than + 과거 시제
주절 종속절

I **had** *scarcely* **locked** the door *when* the key **broke**.
➔ *Scarcely* **had** I **locked** the door *when* the key **broke**.
I **had** *no sooner* **locked** the door *than* the key **broke**.
➔ *No sooner* **had** I **locked** the door *than* the key **broke**.

2 As soon as + 현재 시제, 현재 시제
As soon as + 과거 시제, 과거 시제
As soon as + 현재 시제, 미래 시제
종속절 주절

As soon as I **wake** up in the morning, I **wear** glasses.
As soon as she **saw** me, she **burst** into cry.
As soon as he **arrives**, we **will have** some lunch.

08 ▸▸▸ 시제 예제

01 Since she was elected representative, there __________ many improvements. (숭실대 05-1)

Ⓐ have been   Ⓑ has been
Ⓒ had been   Ⓓ were

02 Susan and Kevin will be having lunch when Richard __________ tomorrow. (아주대 2004-1)

Ⓐ will come   Ⓑ comes
Ⓒ come   Ⓓ will have come

03 The hospital __________ for its heart transplant surgery several years ago. (경희대 04-1)

Ⓐ acclaimed   Ⓑ was acclaimed
Ⓒ has acclaimed   Ⓓ has been acclaimed

04 If she __________ here by six, I'll take her to the mall. (총신대 08-1)

Ⓐ gets   Ⓑ get
Ⓒ got   Ⓓ will get

05 My crew and I have been in Alaska since three years, and we still
　　　　　Ⓐ　　　　　　　　　　　　　　　Ⓑ
aren't used to the long, dark winters. (한양대 06-1)
　　Ⓒ　　　　　　Ⓓ

06 The ex−president ___________ from cancer for years before he died last night. (동덕여대 07−1)

Ⓐ suffers   Ⓑ is suffering

Ⓒ has been suffering   Ⓓ had been suffering

07 Fan voting has played an important and often controversial role since the method ___________ in 1934. (아주대 08−1)

Ⓐ has revised   Ⓑ revised

Ⓒ was revised   Ⓓ has been revised

Ⓔ revises

08 Prof. Kim asked Soon−mi what ___________ doing since her graduation. (명지대2005−1)

Ⓐ she had been   Ⓑ she is

Ⓒ she will be   Ⓓ she can be

09 No sooner had this been accomplished ___________ the band started to play the national anthem. (성신여대 08−1)

Ⓐ that   Ⓑ then

Ⓒ where   Ⓓ than

10 Their assignment has to be completed ___________ next Friday. (계명대 04−2)

Ⓐ to   Ⓑ until

Ⓒ by   Ⓓ when

11 She confessed to Tim the day before yesterday that she had committed the crime two weeks __________ . (총신대 08-1)

Ⓐ ago
Ⓑ after
Ⓒ since
Ⓓ before

12 다음 중에서 문법적으로 틀린 문장을 고르시오. (국민대 05-2)

Ⓐ I am feeling the ground with my foot.
Ⓑ My room is measuring six feet by five.
Ⓒ The train for Seoul is arriving at Platform 2.
Ⓓ Mary is resembling her mother more and more.

13 In 1957, the appearance of <u>the first Soviet satellite</u> <u>has created</u> a
　　　　　　　　　　　　　　　　　　Ⓐ　　　　　　　　　　　　　Ⓑ
panic in the United States that continued <u>for</u> <u>nearly</u> a decade. (동국대)
　　　　　　　　　　　　　　　　　　　　　Ⓒ　　Ⓓ

14 <u>All the children</u> <u>in</u> my neighborhood <u>have gone</u> to the circus last
　　　Ⓐ　　　　　　　Ⓑ　　　　　　　　Ⓒ
night and they could not wake up early <u>this morning.</u> (아주대 05-1)
　　　　　　　　　　　　　　　　　　　Ⓓ

15 Julia is <u>very good</u> at <u>languages.</u> She is <u>speaking</u> four languages <u>very</u>
　　　　　　Ⓐ　　　　　　Ⓑ　　　　　　　Ⓒ　　　　　　　　　Ⓓ
well. (동국대 04-1)

조동사란 〈동사 앞에 와서 동사를 도와주는 말〉을 가리킨다. 조동사는 종류가 세 가지로 be, have, 법조동사가 있는데, 각각 돕는 동사가 다 다르다. 다시 말하면 각각의 조동사가 취하는 동사가 다 다르다.

조동사란 〈동사 앞에 와서 동사를 도와주는 말〉을 가리킨다. 조동사는 종류가 세 가지로 be, have, 법조동사가 있는데, 각각 돕는 동사가 다 다르다. 다시 말하면 각각의 조동사가 취하는 동사가 다 다르다.

09

조동사

01 ▸▸▸ 조동사의 종류와 용법

be + 현재분사 / 과거분사

have + 과거분사

will, shall, can, may, must등과 같은 법(法)조동사 + 동사원형

She is leaving for New York tomorrow.
그녀는 내일 뉴욕으로 떠날 예정이다.

She is not **interested** in sports.
그녀는 스포츠에 관심이 없다.

I have lived in Seoul for a long time.
나는 오랫동안 서울에 살아왔다.

You **may go** home now if you want to.
가고 싶으면 지금 집에 가도 좋다.

You **will can** speak fluent English.(X)

➡ You **will be able to** speak fluent English.
너는 영어를 유창하게 할 수 있게 될 것이다.

I will must meet her tomorrow.(X)

➡ I **will have to** meet her tomorrow.
나는 내일 그녀를 만나야만 할 것이다.

주의 can과 be able to의 차이

- **She can** speak English very well. 〈사람 주어〉
- **Computer can** do many things. 〈사물 주어〉
- **She is able to** speak English very well. 〈사람 주어〉

참고 have got to: have to의 구어체 표현

- **You've got to** go there.
  너는 그곳에 가야한다.

02 ▸▸▸ 조동사를 부정할 때는 조동사 뒤에 부정어를 둔다. 그러나 조동사가 여러 개일 경우에는 첫 번째 조동사 뒤에 부정어를 둔다.

She can**not** have committed suicide.

단, had better나 would rather[sooner/as soon]의 경우에는 better나 rather 뒤에 부정어를 둔다.

You had better **not** go out after dark.

I would rather **not** stay at home tonight.

 조동사 must의 세 가지 부정형

must not: ~하지 마라 〈금지〉

cannot: ~일 리가 없다 〈추측〉

don't have to: ~할 필요가 없다 〈불필요〉

- You **must not** go there.
  그곳에 가지 마라.
- The story **cannot** be true.
  그 이야기는 사실일 리가 없다.
- You **don't have to** go there.
  너는 그곳에 갈 필요가 없다.

03 ▸▸▸ need와 dare는 〈일반동사〉로 쓰이기도 하고, 〈조동사〉로 쓰이기도 한다.

He **need not** learn English. 〈조동사〉
그는 영어를 배울 필요가 없다.

> **주의** need not이나 needed not은 틀린 표현이다.

He **needs to** learn English. 그는 영어를 배울 필요가 있다. 〈일반동사〉
He **needed to** learn English. 그는 영어를 배울 필요가 있었다. 〈일반동사〉
She **dare not** tell me. 그녀는 감히 나에게 말을 하지 않는다. 〈조동사〉
She **dared not** tell me. 그녀는 감히 나에게 말을 하지 않았다. 〈조동사〉
She **dares to** tell me. 그녀는 감히 나에게 말을 한다. 〈일반동사〉
She **dared to** tell me. 그녀는 감히 나에게 말을 하지 않았다. 〈일반동사〉

04 ▸▸▸ 조동사에 관련된 관용적인 표현

1 〈법조동사의 현재 시제 + have p.p.〉와 〈법조동사의 과거 시제 + have p.p.〉
He **must have lost** the book yesterday. 〈과거사실에 대한 추측 / 확신〉
그는 어제 그 책을 잃어버렸음에 틀림이 없다.

> **참고** 다른 〈법조동사의 현재 시제 + have p.p.〉표현
> may have p.p.: ~였을 [했을]지도 모른다
> cannot have p.p.: ~였을 [했을] 리가 없다

He **should** not **have lost** the book yesterday. 〈과거사실에 대한 유감 / 안타까움〉
그는 어제 그 책을 잃어버리지 말았어야 했는데.

> **참고** 다른 〈법조동사의 과거 시제 **+ have p.p.**〉표현
>
> ought to have p.p.: ~했어야 했는데
> would rather have p.p.: ~하는 게 나았을 텐데
> need not have p.p.: ~할 필요가 없었는데

2 cannot ~ without + 동명사: ~할 때마다 ~하다, ~하면 반드시 ~하다

He **cannot** write a letter **without making** some mistakes.
그는 편지를 쓸 때마다 약간의 실수를 저지른다.

3 cannot ~ too: 아무리 ~해도 지나침이 없다

I **cannot** thank you **too** much.
아무리 고마워해도 지나침이 없다.

05 ▸▸▸ 혼동되는 조동사

> may [might] as well: ~하는 편이 낫다
> may [might] well: ~하는 것도 당연하다; ~일 지도 모른다

You **may as well** begin at once. 당장 시작하는 편이 낫다.
She **may well** get angry with you. 그녀가 너한테 화를 내는 것도 당연하다.
It **may well** be true. 그것은 사실일 지도 모른다.

주의 '~하는 것보다 ...하는 편이 낫다'라고 할 때에는 **may**는 불가능하고 **might**만 가능하다.

- You **may as well** throw money away **as** spend it gambling.(X)
  ➡ You **might as well** throw money away **as** spend it gambling.
  돈을 노름에 쓰는 것보다 버리는 편이 낫다.

09 ▸▸▸ 조동사 예제

01 When we are divided, there is little we can do — for we dare not to
　　　　　　　　　Ⓐ　　　　　　　　Ⓑ　　　　　　　　　　Ⓒ
meet a powerful challenge and split asunder. (연세대 98-2)
　　　　　　　　　　　　　　Ⓓ

02 David __________ bake a cake for tonight's party. (세종대)

Ⓐ has　　　　　　　　　　Ⓑ can
Ⓒ is　　　　　　　　　　　Ⓓ is able

03 He said that he __________ . (홍익대) (광운대) (계명대 01-2) (아주대 02-1)

Ⓐ would not rather go　　　　　　Ⓑ would rather not go
Ⓒ not would rather go　　　　　　Ⓓ would rather go not

04 Many educational organizations in the US believe that students
　　　　　　　　　　　Ⓐ
should being required to devote a certain number of hours outside
　　　　Ⓑ　　　　　　　Ⓒ
classroom time to community service in order to graduate. (경희대 04-1)
　　　　　　　　　　　　　　　　　　　　　　　　Ⓓ

05 I __________ the book, but I hardly remember I did. (경기대 04-2)

Ⓐ have read　　　　　　　　Ⓑ may read
Ⓒ can have read　　　　　　　Ⓓ may have read

06 When Sara's daughter caught her finger in the door, she did not cry
　　　　　　　　　　　　　Ⓐ　　　　　　　　Ⓑ　　　　　　　　Ⓒ
even though it must have hurted her a lot. (숙명여대 08-1)
　　　　　Ⓓ　　　　Ⓔ

07 You say you saw John at the station yesterday. That __________ John, because he was with me at my home all day yesterday. (성균관대)

Ⓐ is
Ⓑ must be
Ⓒ can't be
Ⓓ will be

08 You __________ here over an hour ago. What kept you? (영남대 01-2)

Ⓐ should get
Ⓑ should have got
Ⓒ shouldn't get
Ⓓ shouldn't have got

09 Look at all the water on the ground. It __________ really hard last night. (한양대 05-1)

Ⓐ must have rained
Ⓑ should rain
Ⓒ must be raining
Ⓓ should have rained

10 If Carol had not warned her guests about the flooded streets, they
Ⓐ Ⓑ
might have ran into difficulty on the way to her house. (동국대 01-2)
Ⓒ Ⓓ

11 다음 중에서 문법적으로 틀린 문장을 고르시오. (숭실대 97-2)

Ⓐ She hadn't ought to have said so.
Ⓑ I feel all right now.
Ⓒ Nothing could have changed the result.
Ⓓ We had better turn back now.

12 You'd better leaving now before you cause any more trouble.
Ⓐ Ⓑ Ⓒ Ⓓ
(동국대 05-1)

수동(受動)태란 '주어가 어떤 동작을 받는 것'을 나타내는 동사의 형태로 〈be 동사 + 과거분사〉로 나타내고, 반대로 능동(能動)태란 '주어가 어떤 동작을 하는 것'을 나타내는 동사의 형태로 전치사 by를 써서 능동태를 수동태로 바꿀 수 있다. by 이하는 〈전치사구〉이므로 경우에 따라 생략할 수도 있다.

능동태: The hunter killed a wild boar.

➡ 수동태: A wild boar was killed (by the hunter).

10

수동태

01 ▸▸▸ 원칙적으로 자동사는 수동태가 불가능하지만 account for, arrive at, deal with, laugh at, pay for, run over, send for, sleep in, speak to, wait on 등은 가능하다.

Our conclusions were arrived at by inference, not by direct evidence.
우리가 내린 결론들은 추론에 의한 것이지 직접적인 증거에 의한 것이 아니었다.

She was ashamed of being laughed at by them.
그녀는 그들에게 놀림을 당한 것을 부끄러워했다.

This bed was not slept in.
이 침대에는 아무도 잠을 잔 흔적이 없었다.

02 ▸▸▸ 원칙적으로 타동사는 수동태가 가능하지만, cost, resemble, lack, suit과 같은 〈상태 동사〉는 불가능하다.

His father **is resembled** by him.(X)
→ He **resembles** his father.

03 ▸▸▸ 목적어로 that - 절을 취하는 동사의 수동태

> They believe [know / think / say / ...] that S+V ~
> → That S+V ~ is believed [known / thought / said / ...]
>   (by them) 〈수동태〉
> → It is believed [known / thought / said / ...] that S+V ~
>   〈가주어-진주어 구문〉
> → S is believed [known / thought / said / ...] to V ~ 〈축약〉

They **believe** that he is honest.
→ That he is honest **is believed** (by them).
→ It **is believed** that he is honest.
→ He **is believed** to be honest.

04 ▸▸▸ <수여동사>는 목적어가 두 개이므로 두 번의 수동태 전환이 가능하다.

Jones gave his wife a ring.
간접목적어 직접목적어

→ **His wife** was given a ring by Jones.
→ **A ring** was given (**to**) his wife by Jones.

 한 번의 수동태 전환만이 가능한 동사도 있다.

1. 직접목적어만 주어가 될 수 있는 동사: buy, make, sell 등
2. 간접목적어만 주어가 될 수 있는 동사: envy, forgive, save 등

05 ▸▸▸ <지각동사>와 <사역동사>가 수동태로 바뀔 때에는 목적격 보어로 동사원형이 아니라 to 부정사를 취한다.

We **heard** him **talk** with his friends.
우리는 그가 친구들과 이야기하는 소리를 들었다.

→ He **was heard to talk** with his friends (by us).
그가 친구들과 이야기하는 소리가 들렸다.

06 ▶▶▶ 명령문의 수동태: 〈Let + 목적어 + be 과거분사〉

Learn the poem by heart.
그 시를 암기해라.

➡ **Let** the poem **be learnt** by heart.
그 시가 암기되도록 해라.

07 ▶▶▶ 태를 전환할 때에도 〈not ~ any〉의 어순을 지켜야 하고, 안 될 때에는 〈not ~ any〉를 no로 바꿔준다.

She was **not** pleased by **any**thing. 〈수동태〉
➡ **Any**thing did **not** please her.(X) 〈능동태〉
➡ **No**thing pleased her.(O) 〈능동태〉

08 ▸▸▸ 수동태에 관련된 관용적인 표현

1 be known to / for / as / by

The fact is known to us all.
그 사실이 우리 모두에게 알려져 있다.

He is known for political cartoons.
그는 정치만화 때문에 유명하다.

He is known as a political cartoonist.
그는 정치만화가로 알려져 있다.

A man is known by the company (whom) he keeps.
친구를 보면 그 사람을 알 수 있다.

2 be supposed [expected] to V ~하리라고 예상되다; ~할 예정이다; ~해야 한다

Everybody is supposed to know the law.
모든 사람은 법을 알아야 한다.

3 as [so] far as S is [are] concerned ~에 관한 한

As far as talent is concerned, he is second to none.
재능에 관한 한 그는 최고이다.

4 as + 과거분사

- **as claimed** 주장된 대로
- **as desired** 뜻대로
- **as expected** 예상대로
- **as planned [scheduled]** 계획대로

The project will go forward as planned.
그 프로젝트는 계획대로 진행될 것이다.

10 ▸▸▸ 수동태 예제

01 The poor boy was made __________ the piano on the stage against his will. (총신대 08-1)

Ⓐ play   Ⓑ to play
Ⓒ playing   Ⓓ played

02 My sister __________ a present by her boy friend. (세종대 96)

Ⓐ gives   Ⓑ was given
Ⓒ gave   Ⓓ given

03 It is polite not to speak at the dinner table until you are __________ . (명지대)

Ⓐ spoken to   Ⓑ of speaking
Ⓒ speaking   Ⓓ in speaking

04 We __________ to read all of chapter eight. (세종대 96)

Ⓐ suppose   Ⓑ are supposing
Ⓒ are to suppose   Ⓓ are supposed

05 He __________ the room by anyone. (경기대)

Ⓐ didn't notice to enter   Ⓑ wasn't noticed entering
Ⓒ didn't notice enter   Ⓓ wasn't noticed to entering

06 Primitive people were <u>hardly</u> conscious of the wonders of nature,
Ⓐ

for they <u>absorbed</u> <u>in</u> getting the means of existence, in procuring
Ⓑ Ⓒ

<u>food for themselves</u> and <u>their young.</u> (한국외대 05-1)
Ⓓ Ⓔ

07 다음 중에서 문법적으로 틀린 문장을 고르시오. (광운대 01-2)

Ⓐ He was killed in the Vietnamese War.
Ⓑ William is called Bill for short.
Ⓒ His father is resembled by John.
Ⓓ This bed was not slept in.

08 It can be <u>told</u> that of all <u>the planets</u> <u>in</u> the solar system, Mercury and
Ⓐ Ⓑ Ⓒ
Venus <u>have</u> no natural satellites. (중앙대 05-2)
Ⓓ

09 Some <u>filmmakers</u> are more <u>concerning</u> with <u>what is being shown</u> than
Ⓐ Ⓑ Ⓒ
how it is <u>made.</u> (고려대 02-1)
Ⓓ

10 Thomas Nast was <u>known</u> <u>primarily</u> <u>for</u> a <u>political cartoonist.</u> (경기대 01-2)
Ⓐ Ⓑ Ⓒ Ⓓ

법에는 가정법, 직설법, 명령법 세 가지가 있는데, 가정법이란 〈어떤 일을 사실대로가 아니라 가정적으로 말하는 방법 〉을 말하고, 직설법은 반대로 〈어떤 일을 사실대로 말하는 방법〉을 말한다. 명령법은 〈명령문에 쓰이는 것〉으로 항상 동사원형을 쓴다. 예를 들어, 내 동생이 지금 대학생이 아니라고 할 때 "네가 대학생이라면 얼마나 좋겠니."라고 말하는 것은 가정법이고, "너는 대학생이 아니잖아."라고 말하는 것은 직설법이고, "너도 이제 대학에 들어가라."라고 말하는 것은 명령법이다.

Chapter 11

가정법

01 ▸▸▸ 가정법 과거

> If + S + 동사의 과거형,   S + 법조동사의 과거 + VR
> 　　　　조건절　　　　　　　　　　주절
>
> 단, be 동사는 인칭에 관계없이 항상 were형이 쓰인다.

If I knew his telephone number, I **could call** him.
내가 그의 전화번호를 안다면 그에게 전화할 수 있을 텐데.

If I were rich, I **would travel** around the world.
내가 부자라면 세계일주를 할 텐데.

02 ▸▸▸ 가정법 과거완료

> If + S + had + p.p.,   S + 법조동사의 과거 + have + p.p.
> 　　　　조건절　　　　　　　　　　주절

If we had gone by car, we **would have saved** time.
우리가 차를 타고 갔더라면 시간을 절약했을 텐데.

주의 법조동사 중에서 유일하게 **could**는 가정법 과거와 가정법 과거완료의 조건절에도 올 수 있다.

- If I **could** do it, I would. 〈가정법 과거〉
  할 수만 있다면 할 텐데.

• If I **could** have found a pencil, I would have made a note. 〈가정법 과거완료〉
연필을 찾을 수 있었더라면 노트를 했을 텐데.

03 ▸▸▸ 가정법 미래

If + S + were to + VR,   S + 법조동사의 과거 + VR
조건절   주절

If + S + should + VR,   S + 법조동사의 과거 + VR
조건절   주절

If + S + should + VR,   S + 법조동사의 현재 + VR
조건절   주절

If + S + should + VR,   VR
조건절   주절

If the sun **were to** rise in the west, I **would** not **change** my mind.
태양이 서쪽에서 뜬다면 (모를까 그렇지 않다면) 나는 마음을 바꾸지 않을 것이다.

If it **should** rain tomorrow, we **would** not **go** on a picnic.
만약 내일 비가 온다면 우리는 소풍을 가지 않을 것이다.

If it **should** rain tomorrow, we **will** not **go** on a picnic.
만약 내일 비가 온다면 우리는 소풍을 가지 않을 것이다.

If anyone **should** call during my absence, please **take** a message.
만약 누가 내가 없는 동안에 전화하면 메시지를 받아 두어라.

04 ▸▸▸ 조건절 안에 were, had, should가 있는 경우에 If가 생략되면 도치가 일어난다.

If I **were** rich, I would travel around the world.
➡ **Were** I rich, I would travel around the world.

If the sun **were** to rise in the west, I would not change my mind.
➡ **Were** the sun to rise in the west, I would not change my mind.

If we **had** gone by car, we would have saved time.
➡ **Had** we gone by car, we would have saved time.

If it **should** rain tomorrow, we would not go on a picnic.
➡ **Should** it rain tomorrow, we would not go on a picnic.

05 ▸▸▸ that-절에 〈(should) + 동사원형〉이 오는 경우

1 동사

제안하다(suggest/move)
충고하다(advise/recommend)

주장하다(urge/insist)
요구하다(ask/demand/request/require)
명령하다(dictate/order)
결정하다(decide)

2 명사

제안(suggestion/motion)
충고(advice/recommendation)
주장(urgency/insistence)
요구(demand/request/requirement)
명령(dictation/order)
결정(decision)

3 형용사

꼭 필요한(imperative)
절대로 필요한(essential)
필요한(necessary)
필수적인(mandatory)
없어서는 안 될(vital)
중요한(important)

Mr. Chairman, I **move** that we (**should**) **adjourn**.
의장님, 저는 휴회를 제안합니다.

I made a **request** last week that the money (**should**) **be** spent on books.
나는 지난주에 그 돈이 책에 쓰여져야 한다고 요구했다.

It is **imperative** that you (**should**) **realize** the danger.
여러분들이 그 위험성을 깨닫는 것이 꼭 필요합니다.

 that - 절에 〈(should) + 동사원형〉이 오지 않는 경우

- He **suggested** that she **was** ill. 〈암시〉
  그는 그녀가 아프다고 넌지시 말했다.
- She **insisted** that the book **was** hers. 〈사실〉
  그녀는 그 책이 자기 것이라고 주장했다.

06 ▸▸▸ I wish (that) + 가정법

I wish she **were** here now. 〈같은 시점: 가정법 과거〉
그녀가 지금 여기에 있으면 좋을 텐데.

I wish he **had been** here yesterday. 〈앞서는 시점: 가정법 과거완료〉
그가 어제 여기에 있었더라면 좋을 텐데.

 I would rather (that) + 가정법 과거

- **I would rather** you **called** me Tom.
  네가 나를 톰이라고 부르면 좋을 텐데.

07 ▸▸▸ as if[though] + 가정법

He spoke **as if** he **were** an expert. 〈같은 시점: 가정법 과거〉
그는 전문가인 것처럼 말했다.

I feel **as if** we **had known** each other all of our lives.
〈앞서는 시점: 가정법 과거완료〉
나는 우리가 평생 서로를 알아왔던 것처럼 느껴진다.

 '보다 큰 자신감' 을 나타낼 때에는 직설법을 쓰기도 한다.

- He acts **as if** he **is** in love with her.
  그는 분명 그녀와 사랑에 빠진 것처럼 행동한다.

08 ▸▸▸ 조건절을 대신하는 otherwise: 〈직설법 + otherwise + 가정법〉

I **wrote** to him; **otherwise** he **would have worried** about me.
나는 그에게 편지를 썼는데, 만약 그렇지 않았더라면 그는 나를 걱정했을 것이다.

 단지 other의 부사형으로서 '다른 식으로'의 뜻으로 쓰이는 경우

- Now that I am a man, I think **otherwise**.
  나는 인간인 이상 다른 식으로 생각한다.

09 ▸▸▸ It's (about / high) time (that) + 가정법 과거 /should + 동사원형: 이때 should는 생략할 수 없다.

It's (about) time (that) you **went** to bed.
이제 곧 너는 잠자리에 들 시간이다.

It's (high) time (that) I **should say** goodbye to you.
벌써 헤어져야만할 시간이야.

10 ▸▸▸ 가정법 + but (that) + 직설법

I **would buy** the car **but (that)** I **am** poor.
내가 가난하지 않다면 그 차를 살 텐데.

 except / save (that): 口語, 古語

• I **would buy** this watch **except (that)** it **is** too expensive.
이 시계가 너무 비싸지만 않으면 살 텐데.

11 ▸▸▸ But for = Without = If it were not for / If it had not been for

But for his help, I couldn't do it.

= **Without** his help, I couldn't do it.

= **If it were not for** his help, I couldn't do it. 〈가정법 과거〉
그의 도움이 없다면 나는 그것을 할 수 없을 거야.

But for your advice, I would have failed.

= **Without** your advice, I would have failed.

= **If it had not been for** your advice, I would have failed. 〈가정법 과거완료〉
너의 충고가 없었더라면 나는 실패했을 거야.

12 ▸▸▸ 혼합가정법

If I **had caught** that plane *then*, I **would be** dead *now*.
　　　가정법 과거완료　　　　　　　　가정법 과거

If I **had followed** your advice *then*, I **should be** happier *now*.
　　　가정법 과거완료　　　　　　　　가정법 과거

13 ▸▸▸ 특수한 가정법

To hear him speak English, you would take him for an American.

조건절

그가 영어를 하는 것을 듣는다면 너는 그를 미국사람으로 혼동할 지도 모른다.

Born in better times, he would have been a great scholar.

조건절

그가 더 나은 시절에 태어났더라면 위대한 학자가 되었을 것이다.

A man of sense should not do so.

조건절

센스가 있는 사람이라면 그렇게 하지 않을 텐데.

A little care might have prevented the fire.

조건절

조금만 조심했더라면 화재를 예방할 수 있었을 것이다.

14 ▸▸▸ 가정법에 관련된 관용적인 표현

1 what if ~ ?: ~하면 어쩌지?
What if I should fail?
실패하면 어쩌지?

2 what though ~ ?: ~한들 어떠랴?
What though we are poor?
우리가 가난한들 어떠랴?

11 ▶▶▶ 가정법 예제

01 __________ the baby-sitter, they would not have been able to go to the rock concert last night. (건국대 03-1)

Ⓐ Were it not for
Ⓑ If it has not been for
Ⓒ If it had not been for
Ⓓ Having it not been for
Ⓔ Being it not for

02 I wish that I __________ with you last night. (동아대 03-1)

Ⓐ go
Ⓑ went
Ⓒ have gone
Ⓓ could go
Ⓔ could have gone

03 It is imperative that a graduate student maintains a grade point
　　　　　　　　　　Ⓐ　　　　　　　　　　　　　　　　　Ⓑ
average of B in his study. (홍익대 97) (덕성여대 03-1)
　　　Ⓒ

04 If Korea had built more homes for poor people in the past, the housing problems now in some parts of this country __________ so serious. (경원대 08-1)

Ⓐ would not be
Ⓑ will not have been
Ⓒ would not have been
Ⓓ will not be

05 Any ordinary housewife __________ if she were slighted in public.
(세종대 04-2)

Ⓐ will bitterly protest
Ⓑ would bitterly protest
Ⓒ may be bitterly protest
Ⓓ has bitterly protested

06 The manager insisted that all employees __________ the upcoming charity party next Friday night. (아주대 04-1) (계명대 04-2)

Ⓐ attend
Ⓑ attends
Ⓒ attended
Ⓓ will attend

07 If someone were being to ask you who Bear County's busiest
　　　　　　Ⓐ　　　　　　　　　　　　　　　　　Ⓑ
creatures are, you might answer that bees are the busiest. (인하대)
　　　　　　　　Ⓒ　　　　　　　　　　　　　　Ⓓ

08 다음 문장을 단문으로 바꿀 때 괄호에 들어갈 알맞은 영어 단어를 쓰시오.
(숭실대)

If it had not been for your help, I would have failed in the business.
= (　　　　) your help, I would have failed in the business.

09 The teacher recommended that the student __________ his essay as soon as possible. (세종대 98-2)(경기대 03-1)(경희대 03-1)(계명대 05-1)(아주대 05-1)

Ⓐ finishes writing
Ⓑ should finish the writing
Ⓒ finish writing
Ⓓ finished writing

10 It's about time she __________ out what that reason is. (광운대 05-1)

Ⓐ find
Ⓑ finds
Ⓒ found
Ⓓ had found

11 __________ , he would have been able to pass the exam. (동아대 04-2)

Ⓐ If he would study more　　　　Ⓑ If he studied more
Ⓒ If he were studying more　　　Ⓓ Had he studied more
Ⓔ Studying more

12 I didn't know you were asleep. Otherwise, I _________ so much noise when I came in. (광운대 08-1)

Ⓐ didn't make　　　　　　　Ⓑ wouldn't have made
Ⓒ won't make　　　　　　　Ⓓ don't make

13 Many student organizations made a proposal that a student _________ to choose　whether　to take a course for a letter grade or for Pass/Fail. (경희대 05-1)

Ⓐ be allowed　　　　　　　Ⓑ should allow
Ⓒ allows　　　　　　　　　Ⓓ is allowed

14 _________ the manager, please tell him that I am waiting for him in the hotel lounge. (서울여대 05-2)

Ⓐ Having met　　　　　　　Ⓑ Unless you meet
Ⓒ Will you meet　　　　　　Ⓓ Should you meet

15 주어진 동사의 올바른 형태를 고르시오.

> I'm broke, to be frank with you, but I (have) plenty of money now if I (spend) so much yesterday. (한국외대 08-1)

Ⓐ would have − have not spent
Ⓑ would have − had not spent
Ⓒ would have had − did not spend
Ⓓ would have had − have not spent
Ⓔ would have had − would not have spent

16 He also requested that the private sector voluntarily __________ from any such activity. (경원대 07-1)

  Ⓐ refrain   Ⓑ might refrain
  Ⓒ has been refrained   Ⓓ can refrain

17 He is already on the wrong side of forty. It's about time he __________ himself a wife and settled down. (대구대 07-1)

  Ⓐ had found   Ⓑ finds
  Ⓒ should find   Ⓓ found

18 다음 문장의 빈칸에 들어갈 수 없는 것을 고르시오. (국민대 01-1)
__________ your help, I should have failed.

  Ⓐ But for   Ⓑ Without
  Ⓒ If it were not for   Ⓓ Had it not been for

19 The teacher moved that her students __________ excursions.
(홍익대 05-1)

  Ⓐ write an essay on their
  Ⓑ to write essay about the
  Ⓒ wrote some essays of his or her
  Ⓓ had written any essays for their

20 I would have done the assignment earlier, but I had met an old friend
          Ⓐ   Ⓑ   Ⓒ
of mine on my way home. (대구대 2001-2)
    Ⓓ   Ⓔ

명사는 〈사람·사물의 이름을 나타내는 말〉로 크게 나눠볼 때 가산명사와 불가산명사 두 가지가 있다. 가산명사는 '셀 수 있는 명사'란 뜻으로 사전에는 Ⓒ 로 표시되어 있는데 Countable의 이니셜을 딴 것이고, 불가산명사는 '셀 수 없는 명사'란 뜻으로 Uncountable의 이니셜을 따서 사전에 Ⓤ 로 표시되어 있다. 어떤 명사는 가산명사로만 쓰이고, 어떤 명사는 불가산명사로만 쓰이고, 어떤 명사는 가산명사로도 쓰이고 불가산명사로도 쓰이기도 한다. 관사는 명사 앞에 와서 그 명사가 특정한 것인지 혹은 불특정한 것인지를 나타내는 말로 특정함을 나타내는 정관사 the와 불특정함을 나타내는 부정관사 a와 an이 있다.

12

명사와 관사

01 ▸▸▸ 〈가산명사의 단수형〉에는 부정관사나 한정사 중에서 하나를 반드시 붙여야 한다.

(한정사의 예) the, 소유격, this[that] / these[those]

a [**the**] book

my book

this [**that**] book / **these**[**those**] books

 반드시 the를 붙이는 경우

1. 수식어구에 의해 한정을 받거나, 혹은 문맥에 의해서 특정한 대상을 가리키는 경우
- **The** principal of my school is respected by all the students.
  우리 학교 교장선생님은 모든 학생들로부터 존경을 받는다.
- I saw a boy on the street. **The** boy was crying.
  나는 길에서 한 소년을 보았는데, 그 소년이 울고 있었어.

2. -s가 붙은 국가명
- **the** United States 〈미국〉
- **the** Netherlands 〈네덜란드〉
- **the** Philippines 〈필리핀〉
- **the** Americas 〈남북 아메리카〉

 불가산명사도 〈구체적인 의미〉로 사용될 때는 부정관사를 붙여야 한다.

- fire(불) → There was **a fire** last night. 〈화재〉
  어젯밤에 화재가 일어났다.
- stone(돌) → within **a stone**'s throw (from) ~ 〈돌멩이〉
  엎어지면 코 닿을 데
- pleasure(기쁨, 쾌락) → It was **a pleasure** to talk with you. 〈기쁜 일〉
  당신과 이야기하는 것은 기쁜 일이었습니다.

02 ▸▸▸ 부정관사가 붙지 못하는 불가산명사

> information, news, furniture, evidence, equipment, clothing, baggage[luggage], money, cash

an information(X)

➡ a piece of **information**
한가지 정보

decisive **evidence**
확증

비교 부정관사가 붙을 수 있는 불가산명사

• for **a** long [short] **time**

03 ▸▸▸ 단수형과 복수형의 의미가 다른 명사

glass(유리) - glasses(안경) / damage(손해) - damages(손해 배상) /
good(선; 이로움) - goods(상품) / pain(아픔) - pains(수고) /
mean(중간; 평균) - means(수단; 재산) / regard(존경심) - regards(안부) /
arm(팔) - arms(무기) / time(시간) - times(시대; 시절; ~배; ~번)

We should show regard to him.
우리는 그분에게 존경심을 보여야 한다.

Please give my best regards to your parents.
네 부모님께 내 안부를 좀 전해주라.

비교 do good / damage (☞ 동사 I편 참조)

04 ▸▸▸ 수량 표시어와 명사간의 수의 일치

1 many / much / (a) few / (a) little

many books 많은 책

a few books 약간의 책 / **few** books 거의 없는 책

much money 많은 돈

a little money 약간의 돈 / **little** money 거의 없는 돈

2 many의 세 가지 용법
many books 많은 책 〈복수 취급〉
many a book 많은 책 〈단수 취급〉
a great [good] many books 대단히 많은 책 〈복수 취급〉

3 quite a few [=not a few] / quite a little[=not a little]
only a few [=but few] / only a little[=but little]
quite a few books = **not a few** books 많은 책
quite a little money = **not a little** money 많은 돈
only a few books = **but few** books 극히 적은 책
only a little money = **but little** money 극히 적은 돈

4 a number of / the number of
a great deal[amount] of
a number of books 많은 책들 〈복수 취급〉
the number of books 책들의 수 〈단수 취급〉
a great deal [amount] of money 대단히 많은 돈

5 plenty of / a lot of
plenty of books / money 많은 책 / 돈
a lot of [lots of] books / money 많은 책 / 돈

05 ▸▸▸ 부분을 나타내는 표현은 동사의 수가 of 뒤의 명사에 일치된다.

(a) part of(일부분), half of(절반), most of(대부분),
the rest of(나머지), 분수 of, ~ percent of 등

Most students
대부분의 학생들

Most of the students
그 학생들 중의 대부분

a [one] third $\langle\frac{1}{3}\rangle$, two thirds $\langle\frac{2}{3}\rangle$, a [one] half $\langle\frac{1}{2}\rangle$,
a [one] quarter [fourth] $\langle\frac{1}{4}\rangle$

50 **percentage**(X)
➡ 50 **percent**

Most of my time **is** spent in studying English.
내 시간의 대부분은 영어를 공부하는데 보내진다.

Most of his efforts **are** spent in vain.
그의 노력의 대부분은 헛되이 보내진다.

06 ▶▶▶ a kind / sort / type of + 무관사 단수명사
~ kinds / sorts / types of + 무관사 복수명사

a **kind** of **book**

many **kinds** of **books**

> 참고 (a) certain: 형용사로 단수명사를 수식할 때는 부정관사가 붙고 복수명사를 수식할 때는 부정관사가 붙지 않는다.
>
> - There lived **a certain man** in Russia long ago.
>   오래 전에 러시아에 어떤 사람이 살았대.
> - **Certain men** like thin women.
>   어떤 남자들은 야윈 여자를 좋아한다.

> 참고 certain of ~: 대명사로 복수 취급
>
> - **Certain** of his friends **were** invited to the party.
>   그의 친구들 중의 약간 명이 파티에 초대되었다.

07 ▶▶▶ 〈명사 + 명사〉로 이루어진 합성명사에서
첫 번째 명사는 복수형을 취할 수 없다.

blood type(혈액형) / intelligence test(지능검사) / tree ring(나이테) /
brain surgery(뇌수술) / trade deficit [surplus](무역적자[흑자])

> 비교 customs office(세관사무실) / mathematics teacher(수학교사) /
> arms control(군비축소) / arms race(군비경쟁) / futures market(선물시장)

08 ▸▸▸ 수사를 포함한 명사가 다른 명사를 수식하는 형용사로 쓰일 때에는 단수형을 취한다.

He is **ten years** old.

➡ He is a <u>**ten-year**-old</u> boy.

수식

 수사의 두 가지 용법

- two **hundreds** books(X) → two **hundred** books 이백 권의 책
- **hundred of** books(X) → **hundreds of** books 수백 권의 책

 복수형을 취하는 경우도 있다. 단, 금액의 경우는 불가능하다.

- a **ten days'** journey = a **ten-day** journey 십일 동안의 여행
- a **ten dollars'** bill(X) → a **ten-dollar** bill 십 달러짜리 지폐

09 ▸▸▸ 상호복수: 어떤 명사가 〈상호관계〉나 〈교환〉을 나타낼 때는 복수형을 취한다.

shake **hands** with
~와 악수하다

change **hands**
주인이 바뀌다

exchange **letters** with
~와 편지를 교환하다

10 ▸▸▸ 단위명사

(단위 명사의 예) week / day / hour / pound 등

1 a [an]나 per가 붙는 경우

I am paid <u>a hundred dollars</u> **a week**.
　　　　　　　수사가 포함된 명사

나는 주당 백 달러의 임금을 받는다.

We are flying at a speed of <u>600 miles</u> **per hour**.
　　　　　　　　　　　수사가 포함된 명사

우리는 시간당 육백 마일의 속도로 날고 있습니다.

2 by the가 붙는 경우

In general, Korean workers are paid **by the hour**.
일반적으로 한국의 근로자들은 시간당으로 임금을 받는다.

11 ▸▸▸ 신체부위 명사

1 the가 붙는 경우

He kissed her *on* **the cheek**.
목적어

그는 그녀의 뺨에 키스했다.

She looked me *in* **the face**.
목적어

그녀는 내 얼굴을 들여다 보았다.

He pulled me *by* **the sleeve**.
목적어

그는 내 소매를 끌어당겼다.

2 소유격이 붙는 경우

The lizard ran away on **its hind legs**.
그 도마뱀은 뒷다리로 달아 났다.

12 ▸▸▸ 장소 명사가 〈본래의 목적〉으로 쓰일 때에는 관사를 생략한다.

(장소 명사의 예) school(학교; 공부) / church(교회; 예배)
/ hospital(병원; 입원) / table(식탁; 식사) 등

I went to **the church** to see the poet's grave. 〈교회〉
나는 그 시인의 묘지를 참배하기 위해서 교회로 갔다.

He goes to **church** every Sunday. 〈예배〉
그는 매주 일요일마다 예배보러 간다.

13 ▸▸▸ 방위를 가리키는 표현은 the가 붙으면 〈명사〉가 되고, 안 붙으면 〈부사〉가 된다.

(방위의 예) east / west / south / north / right / left 등

Japan lies to **the east** of Korea.
　　　　　　　명사

Japan lies **east** of Korea.
　　　　부사

12 ▶▶▶ 명사와 관사 예제

01 At birth, an infant exhibits a remarkable number of motor response.
　Ⓐ　　　　　　　　　Ⓑ　　　　Ⓒ　　　　　　　　　　　Ⓓ
(경기대)

02 As a rule, part-time workers are paid ___________ . (홍익대)

Ⓐ by an hour
Ⓑ by the hour
Ⓒ by hours
Ⓓ by hourly

03 At birth, the head of a baby is extremely large in relation to a rest of
　Ⓐ　　　Ⓑ　　　　　　　　　　　　　　　　Ⓒ　　　　　Ⓓ
the body. (중앙대)

04 I haven't heard ___________ news about the recent traffic accident.
(홍익대)

Ⓐ a few
Ⓑ some
Ⓒ much
Ⓓ many

05 About the third of the earth's land surface is covered by relatively flat
　　　　　Ⓐ　　　　　Ⓑ　　　Ⓒ
plains. (세종대 05-1)
　　　Ⓓ

06 ___________ anywhere in the States costs less than a dollar when
you dial it yourself. (덕성여대 03-1)

Ⓐ A three-minute calling
Ⓑ A three-minutes calling
Ⓒ A three-minute call
Ⓓ Three-minutes call

07 Ralph is in the intensive care ward of the city hospital after being
    Ⓐ   (A)   (B)
struck by a lightning on a camping trip. (동국대 03-1)
    (C)   (D)

08 Some bloods types are quite common, others are regionally
         (A)   (B)
distributed, and others are rare everywhere. (세종대)
    (C)   (D)

09 He is ___________ wrote the book about my father. (건국대 00-1)

Ⓐ the one who   Ⓑ the one whom
Ⓒ the one   Ⓓ him who
Ⓔ one that

10 There are times when I wish I had not been born with cerebral palsy,
              (A)   (B)
but crying about it isn't going to do me any goods. (가톨릭대 04-2)
    (C)   (D)

11 They were able to give him ___________ money but not enough to live
on, so he had to work while he studied. (세종대 01-2) (경희대 04-1)

Ⓐ a little   Ⓑ a few
Ⓒ little   Ⓓ few

12 In Africa and Asia, five percents of babies die before they are one
                        (A)   (B)   (C)
year old. (세종대 02-1) (동덕여대 04-1)
    (D)

13 Catherine Beecher, a nineteen-centuries educator, promoted liberal
(A) (B)
education for women, although she opposed woman suffrage. (동국대)
(C) (D)

14 Astronomy is __________ of stars and planets. (서강대 08-1)

Ⓐ a science Ⓑ sciences
Ⓒ the science Ⓓ science

15 Because of the recession, less people are going abroad during the
(A) (B) (C)
vacation season this year than in previous years. (명지대 05-1)
(D)

16 James has always thought of himself as __________ . (총신대 07-1)

Ⓐ fail Ⓑ failure
Ⓒ a failure Ⓓ failures

17 Paul's aunt said that if she was late he was to wait for her at the
(A) (B)
airport for at least half a hour. (고려대 01-2)
(C) (D)

18 To our great disappointment, only __________ people attended the
conference last week. (계명대 04-2)

Ⓐ few Ⓑ little
Ⓒ a few Ⓓ a little

19 It is believed that there are three basic type of muscles in human
(A) (B) (C) (D)
beings. (성균관대 07-1)
(E)

20 I can read a __________ book in a day. (명지대 03-2)

Ⓐ five hundred page
Ⓑ five hundreds page
Ⓒ five hundred pages
Ⓓ five hundreds pages

21 Unlike most liquids, which contract when they solidify, water expands
          Ⓐ   Ⓑ
by nine percentage when it freezes. (한양대 98-1) (홍익대 98-2)
    Ⓒ   Ⓓ

22 These kind of shoes seem to be expensive, but they are relatively
    Ⓐ   Ⓑ   Ⓒ
easy to care for. (광운대 04-2)
     Ⓓ

23 Where I come from, the most teachers have to teach at two schools
    Ⓐ   Ⓑ   Ⓒ
in order to earn enough. (경기대 03-2) (경기대 05-1)
     Ⓓ

24 There are many a single person who believes that being married
    Ⓐ   Ⓑ   Ⓒ
doesn't necessarily mean living happily ever after. (중앙대 01-1)
     Ⓓ   Ⓔ

25 The book is written from the unique perspective of two authors who
        Ⓐ
have taught online themselves and have trained hundred of other
        Ⓑ   Ⓒ   Ⓓ
faculty to teach online. (중앙대 03-1)

대명사는 〈명사를 대신하는 말〉을 가리키는데, 종류는 크게 나눴을 때 두 가지로 '대신하는 말이 정해져 있는' 정(定)대명사와 '대신하는 말이 정해져 있지 않은' 부정(不定)대명사가 있다. 예를 들어, 한 반에 남학생인 Jack, 여학생인 Joanne, 역시 여학생인 Jennifer가 있다고 할 때 만약 he(그 남자)를 쓰게 되면 당연히 Jack을 대신하기 때문에 정대명사가 되고, one of them(그들 중의 한 명)을 쓰게 되면 그 세 명 중에서 누구를 대신하는 지 전혀 알 수 없기 때문에 부정대명사가 되는 것이다.

13

대명사

01 ▸▸▸ 소유대명사의 용법

1 비교문에서 명사의 반복을 피하기 위해서 사용된다.

The viewpoint presented in this book differs from **Freud**.(X)

→ The viewpoint presented in this book differs from **Freud's**.
이 책에 제시된 관점은 프로이드의 관점과 다르다.

2 한정사를 두 개 쓰고 싶을 때 〈이중소유격〉의 형식으로 사용된다.

that his friend(X)

→ **that** friend of **his**
그의 친구들 중의 바로 그 친구

02 ▸▸▸ 대명사 that / those의 용법

1 that[those] + 전치사구: 명사의 반복을 피하기 위해 사용

The climate of Korea is milder than **Japan**.(X)

→ The climate of Korea is milder than **the climate of Japan**.

→ The climate of Korea is milder than **that of Japan**.
한국의 기후는 일본의 기후보다 더 온화하다.

2 that[those] + 관계절: ~하는 것[것들/사람들]

There are **those who** say so.
그렇게 말하는 사람들이 있다.

> **주의** that who ~ 는 불가능한 표현이다. 대신에 he[she] who ~라고 한다.

03 ▸▸▸ 재귀대명사의 용법

1 재귀용법: 주어와 목적어가 동일인이거나 동일 대상일 때 〈목적어〉 자리에
재귀대명사를 써준다.

He seated **himself** on the bench.
주어   목적어

그는 벤치에 앉았다.

2 강조용법: 강조하고자 하는 대상 뒤에 재귀대명사를 써준다.
I **myself** saw it. = I saw it **myself**.

> **참고** 재귀대명사에 관련된 관용적인 표현
>
> 1. make oneself understood: 자신을 남에게 이해시키다, 의사소통을 하다
> • He tried in vain to **make himself understood** in English.
>   그는 영어로 의사소통을 하려고 했지만 헛수고였다.
> 2. be oneself: 자연스럽게 행동하다; 정상이다
> • You **are** not **yourself** tonight.
>   오늘밤에 너는 정상이 아니다.
> 3. in spite of oneself: 자기도 모르게
> • **In spite of herself** Brook Shields burst into tears.
>   브룩 쉴즈는 자신도 모르게 눈물을 흘렸다.

4. for oneself: 자기 힘으로
- The baby cannot stand **for itself**.
  갓난아이는 자신의 힘으로 설 수 없다.

5. of itself: 저절로
- The door opened **of itself**.
  문이 저절로 열렸다.

6. in itself: 그 자체로; 본질적으로
- Learning is an end **in itself**.
  배움은 그 자체로 목적이다.

7. beside oneself: 제정신이 아닌
- He was **beside himself** with rage.
  그는 분노로 제정신이 아니었다.

04 ▸▸▸ 대명사 so/not의 용법: 절을 대신하는 역할을 한다.

Will he fail? I'm afraid **so**.
그가 실패할까요? 그럴 것 같은데요.

I think (that) my arm is broken. Oh, I hope **not**.
내 팔이 부러진 것 같은데. 그러지 않기를 바래.

 대부정사 (☞ 부정사편 참조)

- He didn't pass the exam, but he still hopes **to**.
  그는 시험에 합격하지 못했지만 여전히 그러기를 바라고 있다.

05 ▸▸▸ 대명사 one은 〈물질명사〉나 〈추상명사〉와 같은 불가산명사를 받을 수 없다.

I like white <u>coffee</u> more than black **one**.(X)

➡ I like white coffee more than black.
나는 블랙커피보다 밀크커피를 더 좋아한다.

06 ▸▸▸ none: 대명사이므로 명사 앞에 바로 올 수 없다. 〈셋 이상〉을 가리킨다.

None of the books **has [have]** been placed on the shelves.
그 책 중에서 어떤 것도 선반에 놓여지지 않았다.

참고 **none**이 부사로 쓰이는 경우: 비교급을 수식한다.

• I love him **none** <u>the less</u> for his faults.

나는 그의 잘못에도 불구하고 그를 결코 그만큼 덜 사랑하는 것은 아니다.

비교 neither: 대명사로 〈둘〉을 가리킨다. 항상 단수로 취급된다.

• At first, **neither** student **was** able to speak English.
• At first, **neither** of the (two) students **was** able to speak English.
처음에는 그 둘 중의 어떤 학생도 영어를 말하지 못했다.

07 ▸▸▸ one ~ the other ~ : 〈둘〉이라고 밝힌 경우

We have two cars; one is my father's and the other is mine.
우리는 차가 두 대인데, 한 대는 아버지의 것이고 다른 한 대는 내 것이다.

[비교] one ~ another ~ : 〈둘〉이라고 밝히지 않은 경우

- **One** man sows and **another** man reaps. 재주는 곰이 넘고 돈은 되놈이 번다.

[예외] 〈둘〉이라고 밝히지 않았지만 **the other**를 쓰는 경우

: 손이나 귀와 같이 개수가 항상 두 개인 명사

- **One** hand washes **the other**.
  상부상조
- In **one** ear and out **the other**.
  한 귀로 듣고 다른 귀로 흘린다.

[참고] some ~ others ~ : 〈대조〉를 나타낸다.

- **Some** were captured. **Others** were killed.
  어떤 사람들은 잡혔다. 다른 사람들은 죽었다.

[참고] A is one thing and [;] B is another = A is different from B

- To know is **one thing** and to teach (is) quite **another**.
  아는 것과 가르치는 것은 사뭇 다르다.

[참고] 형용사 another와 other의 차이

1. another + 단수명사
   That politician is from **another place**.
   그 정치인은 다른 곳 출신이다.

2. other + 복수명사
   The skyscraper towers above the **other buildings**.
   고층건물이 다른 건물 위로 우뚝 솟아있다.

3. another + 수사 + 복수명사
   She will be back in **another two weeks**.
   그녀는 2주가 더 지나서 돌아올 것이다.

08 ▸▸▸ each와 every의 용법: each는 〈대명사〉, 〈형용사〉로 쓰이고, every는 〈형용사〉로만 쓰인다. 둘 다 단수로 취급된다.

Each student **is** writing a letter to **his** parents.
각각의 학생이 자신의 부모에게 편지를 쓰고 있다.

Each of the students **is** writing a letter to **his** parents.
그 학생들 중의 각각이 자신의 부모에게 편지를 쓰고 있다.

Every one **has his** own life style.
모든 사람은 자신만의 생활방식을 가지고 있다.

예외 복수명사 + **each**: 복수로 취급된다.

- **The girls each were** dressed neatly.
  그 소녀들 각각은 옷을 말쑥하게 차려 입었다.

예외 every + 수사 + 복수명사: 단수로 취급된다.

- **Every ten houses has** a lamppost.
  열 집마다 한 집씩 전봇대가 있다.

비교 all: 복수로 취급되기도 하고, 단수로 취급되기도 한다.

- **All** (of) the books **were** lost.
- **All** (of) the money **was** spent.
- **All are** agreed. 〈사람〉 모두 찬성이다.
- **All is** lost. 〈사물〉 모두 끝장이다.

주의 each and every: every의 강조형으로 '하나도 빠짐없이 모든'이란 뜻이다. 역시 단수 취급이다.

- **Each student and every student** in our class **wears** glasses.(X)
  ➡ **Each and every student** in our class **wears** glasses.
    우리 반에서 하나도 빠짐없이 모든 학생이 안경을 끼고있다.

09 ▸▸▸ either의 용법: 〈대명사〉, 〈형용사〉로 쓰이고, 단수로 취급된다. 〈둘〉을 가리킨다.

Either book **is** available. 〈형용사〉
(두 권의 책 중에서) 어느 한 권은 사용할 수 있다.

Either of the (**two**) books **is** available. 〈대명사〉
그 두 권의 책 중의 하나는 사용할 수 있다.

10 ▸▸▸ 대명사에 관련된 관용적인 표현

1 such as: 예를 들면 ~과 같은(like)
Birds of prey, **such as** the eagle and the hawk, are decreasing in number.
예를 들면 독수리와 매 같은 맹금류의 수가 감소하고 있다.

2 as such: 그러한 사람[것]으로서; 그 자체로; 본질적으로(in itself)
The teacher, **as such**, is entitled to respect.
선생님은 그 자체로 존경을 받아 마땅하다.

3 such as it is [they are]: 변변치 않지만(poor as it is)

You may use my car, such as it is.
변변치 않지만 내 차를 써도 돼.

> 참고 as it is [were]: 사실상
>
> • A good book, **as it is**, is the light of life.
>   양서는 사실상 인생의 등불이다.

4 anything but

1. 결코 ~하지 않다

The hotel was anything but cheap.
그 호텔은 결코 싸지 않았다.

2. ~이외에 무엇이든지

I can give you anything but my life.
나는 너에게 목숨 이외에 무엇이든지 줄 수 있다.

5 nothing but: 오직 ~만

This year I'll study nothing but English.
나는 올해는 오직 영어만 공부하겠다.

13 ▸▸▸ 대명사 예제

01 어법상 틀린 문장을 고르시오. (한국외대 04-1)

Ⓐ John promised his daughter to respect him.
Ⓑ John promised his daughter to respect himself.
Ⓒ John persuaded his daughter to respect him.
Ⓓ John persuaded his daughter to respect himself.

02 Neither of the two candidates who had applied for admission to
　　　 Ⓐ　　　　　　　　　　　　 Ⓑ　　 Ⓒ

Departmentof the English Language and Literature were eligible for
　　　　　　　　　　　　　　　　　　　　　　　　　 Ⓓ

scholarship. (경원대 08-1)

03 The aim of communication is to make yourself __________ .
(총신대 05-1)

Ⓐ understand　　　　　　　　　Ⓑ understandable
Ⓒ understanding　　　　　　　　Ⓓ understood

04 A wedding ceremony and the winning of a coveted position may be
　　　　　　　　　　　　　　　　 Ⓐ　　　　　　　 Ⓑ

signs of growth but none of them guarantees maturity. (경기대)
　　　　　　　　　 Ⓒ　　　　　　　　　　　　 Ⓓ

05 __________ technicians offered their own unique solutions. (계명대 04-2)

Ⓐ Every　　　　　　　　　　　　Ⓑ Each
Ⓒ Any　　　　　　　　　　　　　Ⓓ Other

06 I have two children; one of the two is Chul—soo, and ___________ is Young—joon. (세종대)

Ⓐ others
Ⓑ another
Ⓒ he
Ⓓ the other

07 For them interested in nature, the club offers bikes and overnight
       Ⓐ   Ⓑ
camping each week during the summer. (성신여대) (경기대 02—2)
     Ⓒ   Ⓓ

08 All objects are composed of many molecules, and the force of gravity
             Ⓐ   Ⓑ
pulls on every of them. (광운대 00—2)
 Ⓒ   Ⓓ

09 I don't have a nice bookcase, so I am going to ___________ .
(세종대 02—1) (동덕여대 07—1)

Ⓐ have it made
Ⓑ have that made
Ⓒ have it be made
Ⓓ have one made

10 Every voter has the right to speak for the candidate of their choice. (세종대)
   Ⓐ   Ⓑ   Ⓒ   Ⓓ

11 Probably the most frequent assumption of sexual orientation is that
　　　Ⓐ　　　　　　　　　　　　　　　　　　　　　　　　　　　　　Ⓑ
persons can respond erotically to beauty in either sexes. (아주대 05–1)
　　　　　　　　　Ⓒ　　　　　　　　　　　　Ⓓ

12 "Have we missed the start of the film?" "I'm afraid ___________."
(계명대 05–1)

Ⓐ that　　　　　　　　　　　　Ⓑ it
Ⓒ so　　　　　　　　　　　　　Ⓓ not

13 At once I was put into a small room with other boy who was also very
　　　Ⓐ　　　　　　Ⓑ　　　　　　　　　　　　Ⓒ　　　　　　　　　Ⓓ
ill. (세종대 02–1)

14 The system of weight and measurement in one country is not always
the same ___________ . (대구대 07–1)

Ⓐ as that in another　　　　　　Ⓑ like that in the other
Ⓒ as this in another　　　　　　Ⓓ as it in the other

15 Acetone in the body increases under abnormal conditions such
　　　　　　　Ⓐ　　　　　　　　　　　Ⓑ　　　　　　　　Ⓒ　　　Ⓓ
fasting or diabetes. (서강대 08–1)

16 Never would I have had a letter of her seen by you in former days.
        Ⓐ   Ⓑ   Ⓒ   Ⓓ
(홍익대 08–1)

17 The bus comes here __________ 30 minutes. (계명대 08–1)

Ⓐ each   Ⓑ every
Ⓒ another   Ⓓ all

18 Be careful or you will hurt you. (계명대 05–1)
    Ⓐ   Ⓑ   Ⓒ   Ⓓ

19 Neither of the three applicants meets the requirements for this
     Ⓐ   Ⓑ   Ⓒ
position, so we have decided to leave it open. (성균관대 03–1)
             Ⓓ   Ⓔ

20 You should get a receipt for each purchases no matter how small it
                Ⓐ   Ⓑ   Ⓒ   Ⓓ
may be. (강남대 04–1)

형용사는 〈사람·사물의 성질이나 상태를 나타내는 말〉로 명사를 수식하기도 하고 보어로 쓰이기도 한다. 형용사 중에는 명사 뒤에서는 수식하지 못하고 앞에서만 수식하는 것도 있고, 앞에서는 수식하지 못하고 뒤에서만 수식하는 것도 있고, 앞·뒤에서 다 수식할 수 있지만 앞에서 수식하느냐 뒤에서 수식하느냐에 따라 뜻이 달라지는 것도 있다. 또한 형용사 중에는 보어로 쓰일 수 있는 것도 있고, 쓰일 수 없는 것도 있어서 종류가 굉장히 다양하다. 명사를 앞에서 수식할 때 만약 여러 개의 형용사가 온다면 형용사들 사이에 어순이 정해져 있다.

14

형용사

01 ▶▶▶ a-가 앞에 붙어있는 형용사는 명사 뒤에 오거나 보어로 쓰인다.

tree **alive** 〈명사 뒤〉
살아 있는 나무

The tree is alive. 〈보어〉
그 나무는 살아 있다.

 명사 앞에만 오는 경우
- **living** tree
- **live** concert/music

 위치에 따라 뜻이 달라지는 경우
- people **present** 출석한 사람들
- the **present** government 현 정부
- She is **ill**. 그녀는 아프다.
- **ill** news 나쁜 소식
- He was **late**. 그는 늦었다.
- the **late** president 고인이 된 대통령

02 ▶▶▶ 중요 형용사의 어순

전치한정사 + 한정사 + 서수 + 기수 + 일반형용사 + 명사

(전치한정사의 예)   all, both, half, 배수사

(한정사의 예)	the, 소유격,this [these], that [those]
(서수의 예)	first, second, third ...
(기수의 예)	one, two, three ...

both these first two large flowers
이 첫 두송이 큰 꽃 둘 모두

 일반형용사의 어순: 대•소 + 성질 + 상태 + 신•구 + 색깔 + 분사 + 기원 + 명사 + 명사

- **large heavy old grey carved Gothic church** tower
  크고 무겁고 오래된 갈색 조각의 고딕양식 교회탑

03 ▸▸▸ 수사가 포함된 명사의 두 가지 표현

World War Two [Ⅱ]
= **the second** world war
세계2차대전

 한 가지만 가능한 경우

- **the second** track(X)
  두 번째 트랙
  ➡ track **two** 이 번 트랙
- **the second** gate(X)
  두 번째 문
  ➡ gate **two** 이 번 문

 사람의 이름

- Pope John Paul II
- ➡ Pope John Paul **the second**(구어에서는 two라고도 한다.)
  교황 요한바오로2세

04 ▸▸▸ 가주어 - 진주어 구문

1 easy / hard / difficult / tough / impossible 등과 같은 〈난이도(難易度) 형용사〉는 to 부정사를 취한다. to 부정사의 의미상의 주어는 〈for + 목적격〉의 형식을 취한다.

It is **easy** *for us* **to please** him.
우리가 그 사람의 비위를 맞추기는 쉽다.

2 kind / wise / foolish / careless / considerate 등과 같은 〈사람의 성질을 나타내는 형용사〉도 to 부정사를 취한다. to 부정사의 의미상의 주어는 〈of + 목적격〉의 형식을 취한다.

It is **kind** *of you* **to help** me.
저를 도와주시다니 고맙습니다.

It is very **considerate** *of you* **to repair** my computer.
제 컴퓨터를 고쳐주시다니 정말 고맙습니다.

> **주의** considerable은 '상당한'이란 뜻으로 〈사람의 성질을 나타내는 형용사〉가 아니다.

3 certain / clear / true / (un)likely / probable 등과 같은 형용사는 that – 절을 취한다.

It is **likely that** she will pass the exam.
그녀는 시험에 합격할 것 같다.

4 possible / necessary / rare 등과 같은 형용사는 to 부정사와 that – 절을 모두 취할 수 있다.

It is **possible to prevent** cancer.
암을 예방하는 것은 가능하다.

It is **possible that** I am invincible.
나는 아마도 누구한테도 지지않을 것이다.

05 ▸▸▸ so와 such의 차이

1 so + 형용사 + a [an] + 명사

so interesting a movie

> **참고** how(ever) / too / as도 같은 어순을 취한다.
> - **However** rich a man he is, he is very frugal.
>   그는 아무리 부자라 하더라도 매우 검소하다.

2 such + a [an] + 형용사 + 명사

such an interesting movie

3 so + 형용사 / 부사

such + (a [an]) + 명사

so happy / **so** fast

such a fool / **such** fools

4 such + 형용사 + 복수명사 / 불가산명사

such interesting movies

such fine weather

> **예외** 〈수량형용사〉가 붙은 경우에는 so를 쓴다.
> - **so** many / few books
>   수량형용사
> - **so** much / little water
>   수량형용사

06 ▸▸▸ same / first / last / only / very 등과 같은 형용사에는 항상 the가 붙는다.

She is always the same to us.
그녀는 항상 우리에게 한결같다.

Columbus was the first man to discover the New World.
콜럼버스는 신대륙을 발견했던 최초의 사람이었다.

 부사 + the same

- **much** the same
  거의 같은
- **just** the same
  똑같은

14 ▸▸▸ 형용사 예제

01 The peoples of North Africa found themselves in the much same
     Ⓐ   Ⓑ   Ⓒ
position as those in the south of the Sahara. (아주대 04-1)
         Ⓓ

02 I bought the stocking ___________ . (경성대)

Ⓐ at the half price   Ⓑ half at the price
Ⓒ at half the price   Ⓓ the half at price

03 When lava reaches the surface, its temperature can be ten times
___________ boiling water. (세종대 04-2)

Ⓐ the temperature   Ⓑ that of
Ⓒ it is   Ⓓ more

04 It's still not sure that the meeting will go ahead as planned.
     Ⓐ   Ⓑ   Ⓒ   Ⓓ
(아주대 04-1)

05 It was so beautiful ___________ that I did not want to go to bed.
(경희대 02-1)

Ⓐ night   Ⓑ a night
Ⓒ day   Ⓓ the night

06 Women played a <u>large part</u> <u>in</u> our <u>great first</u> <u>accomplishment.</u>
                   Ⓐ   Ⓑ   Ⓒ   Ⓓ
(동덕여대 04–1)

07 "The exam will be on the first half of the book." (한국외대)
That means we'll have to finish __________ ."

Ⓐ fifteenth chapter   Ⓑ fifteen chapter
Ⓒ chapter fifteenth   Ⓓ chapter fifteen

08 However __________ you may have, you will have to work it out
soon. (총신대 07–1)

Ⓐ a serious problem   Ⓑ serious a problem
Ⓒ serious problem   Ⓓ serious problems

09 The movie festival and the live entertainment shows were __________
crowd pleasers that tickets quickly sold out. (동아대 05–2)

Ⓐ very   Ⓑ huge
Ⓒ so   Ⓓ too
Ⓔ such

10 As she grows older, Liza Minelli looks more and more __________ her
mother, Judy Garland. (세종대 01–2)

Ⓐ not alike   Ⓑ alike
Ⓒ like   Ⓓ not unlike

11 Annie Smith Peck was <u>first</u> woman to scale the Matterhorn, <u>the</u> height
                        Ⓐ   Ⓑ
and beauty <u>of</u> which have made it the goal <u>of</u> all Alpine climbers.
          Ⓒ   Ⓓ

(서울교육대 00-2)

12 It is possible __________ may assist some trees in saving water in the
winter. (경기대 04-2)

Ⓐ the leaves are lost   Ⓑ when leaves have lost
Ⓒ that the loss of leaves   Ⓓ to lose leaves

13 The languages <u>spoken by</u> the Alaskan Eskimos <u>and</u> the Inuit of
                Ⓐ   Ⓑ
Northern Canada are <u>such</u> similar as to be mutually <u>intelligible</u>.
                    Ⓒ   Ⓓ

(홍익대 04-1)

14 There was __________ that we couldn't take it all. (세종대 02-1)

Ⓐ such an information   Ⓑ so many informations
Ⓒ so much information   Ⓓ such much information

15 It was very <u>considerable</u> of you <u>to send</u> me the <u>letter of</u> admission so
             Ⓐ   Ⓑ   Ⓒ
<u>promptly</u>. (경기대 05-2)
  Ⓓ

부사란 주어, 목적어, 보어로는 쓰이지 못하고 단지 수식하는 역할만을 하기 때문에 문법적으로 볼 때에는 생략해도 되는 불필요한 요소이다. 그러나 의미상으로 볼 때에는 문장의 맛을 더해주는 양념과도 같은 역할을 한다.

Chapter 15

부사

01 ▸▸▸ 부사는 일반적으로 동사, 형용사, 부사를 수식한다. 그러나 때로는 문장 전체나 명사를 수식하기도 한다.

Please finish typing these documents **quickly**. 〈동사 수식〉

이 문서의 타이핑을 빨리 끝내주세요.

You cannot be **too** diligent. 〈형용사 수식〉

여러분은 아무리 부지런해도 지나침이 없습니다.

She worked **very** hard. 〈부사 수식〉

그녀는 매우 열심히 공부했다.

Fortunately, I was on time. 〈문장 전체 수식〉

다행히도 나는 정각에 도착했다.

He is **quite** a gentleman. 〈명사 수식〉

그는 제법 신사답다.

02 ▸▸▸ -ly가 붙은 부사와 붙지 않은 부사의 의미 차이

late(늦게) - lately(최근에) / most(가장) - mostly(주로) /
hard(열심히; 세게) - hardly(거의 ~않다) / high(높이) - highly(매우) /
wide(활짝) - widely(널리) / fast(빨리) - fastly(X)

We arrived an hour late.
우리는 한 시간 늦게 도착했다.

I haven't seen him lately.
나는 최근에 그를 본 적이 없다.

주의 ▸ fastly는 영어에 없는 단어이다.

주의 ▸ -ly가 붙은 형용사도 있다.

- costly 비싼
- cowardly 겁 많은
- friendly 우호적인
- likely 있음직한
- lively 쾌활한
- lonely 외로운
- lovely 아름다운
- orderly 정돈된

03 ▸▸▸ enough는 〈부사〉로 쓰일 때에는 수식을 받는 표현의 뒤에 오지만, 〈형용사〉로 쓰일 때에는 수식을 받는 표현의 앞에 온다.

He is old **enough** to drive. 〈부사〉

형용사

그는 운전을 할 수 있을 정도로 나이를 먹었다.

I have **enough** money to buy a house. 〈형용사〉

명사

나는 집을 살 만큼의 돈을 가지고 있다.

비교 부사 **too**는 수식을 받는 표현의 앞에 온다. **to** 부정사 대신에 **for V-ing**를 취하기도 한다.

- It's much **too** cold **to swim**.
- = It's much **too** cold **for swimming**. 날씨가 너무 지나치게 추워서 수영을 할 수 없다.

04 ▸▸▸ only는 〈형용사〉로 쓰일 때에는 명사 앞에 오지만, 〈부사〉로 쓰일 때에는 명사 앞뒤에 다 올 수 있다.

He was the **only** child in the room. 그는 그 방에서 유일한 아이였다. 〈형용사〉
I want **only** ten bucks. 나는 10달러만 있으면 된다. 〈부사〉
Ladies **Only** 여성전용 〈부사〉

05 ▸▸▸ almost [nearly], completely, seriously 등과 같은 〈정도부사〉는 수식할 표현의 바로 앞에 써주어야 한다.

Diphtheria **almost** has disappeared in the USA.(X)

→ Diphtheria has **almost** disappeared in the USA.

디프테리아는 미국에서 거의 사라졌다.

06 ▸▸▸ 부정문에 쓰일 때 〈시간부사〉 yet은 부정어 뒤에 오지만, 〈시간부사〉 still은 부정어 앞에 온다.

The train has **not** arrived **yet**.
기차가 아직 도착하지 않았다.

He **still** has**n't** finished the work.
그는 아직도 일을 끝내지 못했다.

비교 still은 '가만히'란 뜻의 〈양태부사〉로 쓰일 때에는 부정어 뒤에 올 수 있다.

• She was so surprised that she could**n't** sit **still**.
디그녀는 매우 놀라서 가만히 앉아 있을 수 없었다.

07 ▸▸▸ 한 문장 안에 여러 개의 〈시간부사〉가 올 때에는 짧은 시간에서 긴 시간의 순서로 배열된다.

He was born <u>at 6 p.m.</u> <u>on June 12th</u> <u>in 1965.</u>
시각   월·일   연도

08 ▸▸▸ 한 문장 안에 여러 종류의 부사가 올 경우 〈방법 / 양태 + 장소 + 시간〉의 순서로 배열된다. 단, 〈왕래발착동사〉가 나타날 때는 〈장소 + 방법 / 양태 + 시간〉의 순서로 배열된다.

She sang **perfectly in the town hall last night**.
방법 / 양태부사   장소부사   시간부사
그녀는 지난밤에 시청에서 완벽하게 노래를 불렀다.

He arrived **here safely yesterday**.
장소 방법 / 양태부사   시간부사
그는 어제 안전하게 이곳에 도착했다.

09 ▸▸▸ 강조부사 very와 much의 차이

1 very는 형용사 · 부사의 〈비교급〉을 수식할 수 없다. 또한 〈동사〉도 수식할 수 없다.

I like tea **very** better than coffee.(X)

➡ I like tea **much** better than coffee.

I love you **very**.(X)

➡ I love you **very much**.

2 much는 형용사 · 부사의 〈원급〉을 수식할 수 없다. 또한 혼자서는 〈동사〉를 수식할 수 없다.

She plays the piano **much** well.(X)

➡ She plays the piano **very** well.

I love you **much**.(X)

➡ I love you **very much**.

참고 too much와 much too의 차이
- He spends **too much** money. 〈too much + 불가산명사〉
- It's **much too** cold for swimming. 〈much too + 형용사/부사〉

15 ▶▶▶ 부사 예제

01 Many studies have tried to determine whether or not seeing violence
<u>A</u>   <u>B</u>

on television makes children behave more violent. (동국대)
<u>C</u>   <u>D</u>

02 Yet two years later, the bill ___________ . (단국대 04-1)

Ⓐ still has not passed   Ⓑ has still not passed
Ⓒ has not still passed   Ⓓ has not passed still

03 The car was ___________ expensive than I had anticipated. (명지대 05-1)

Ⓐ too more   Ⓑ ever more
Ⓒ very more   Ⓓ much more

04 While the Sun is the major source of ultraviolet rays, it is not the
    <u>A</u>   <u>B</u>   <u>C</u>

source only. (고려대)
<u>D</u>

05 "I hope we don't miss the beginning of the film." (경기대)
"I think we'll ___________ to see it."

Ⓐ enough early arrive   Ⓑ early enough arrive
Ⓒ arrive enough early   Ⓓ arrive early enough

06 Asparagus grows well in soil that is too much salty for most crops to
      <u>A</u>   <u>B</u>   <u>C</u>   <u>D</u>

grow. (동덕여대)

07 He comes to his working place ___________ every day. (경희대 02-1)
(명지대 05-2)

Ⓐ lately   Ⓑ lateness
Ⓒ late   Ⓓ very lately

08 I almost have forgotten what she looks like. (고려대 2002-1)
   Ⓐ   Ⓑ Ⓒ   Ⓓ

09 Film director Kwon wanted his staffs to work faster. But they said to
              Ⓐ   Ⓑ

him, "We can't work very faster. We're working as fast as we can."
       Ⓒ   Ⓓ

(아주대 04-1)

10 Do you have ___________ a vacation right now? (동국대 05-1)

Ⓐ enough money for taking Ⓑ enough money to take
Ⓒ money enough for taking   Ⓓ too money to take

11 I think that there is too ___________ violence on TV these days.
(계명대 05-1)

Ⓐ many   Ⓑ much
Ⓒ lots   Ⓓ large

12 The scientists who are probably mostly interested in flights to the
       Ⓐ   Ⓑ   Ⓒ

moon are geologists. (고려대 01-2)
  Ⓓ

형용사와 부사에는 '정도의 비교'를 나타내는 세 가지 급이 있는데, 원급, 비교급, 최상급이다. 1음절은 -er / -est를 쓰고, 3음절은 more ~ / most ~를 쓴다. 2음절은 -er / -est를 쓰는 것도 있고, more ~ / most ~를 쓰는 것도 있다. 이러한 세 가지 급이 사용된 비교문에는 원급비교문, 비교급비교문, 최상급비교문 세 가지가 있다. 비교문에는 비교대상이 있는데, 원급비교문은 대상의 개수가 2개이고, 비교급비교문도 역시 2개이지만, 최상급비교문은 최소한 3개 이상이다.

Chapter
16
비교

01 ▸▸▸ 2음절 형용사 중에서 -er / -le / -ow / -y 로 끝나는 것들은 -er / -est가 붙는다.

clev**er**-cleverer-cleverest 영리한
nob**le**-nobler-noblest 고귀한
narr**ow**-narrower-narrowest 좁은
prett**y**-prettier- prettiest 예쁜

02 ▸▸▸ 비교급에 the를 붙이는 경우

1 the + 비교급 + of the two
This dress is **the better of the two**.
두 벌의 드레스 중에서 이 드레스가 더 좋다.

2 the + 비교급 + 이유를 나타내는 표현
She is none **the happier because** she is pretty.
그녀는 예쁘기 때문에 결코 그만큼 더 행복한 것은 아니다.

3 The + 비교급, the + 비교급: 대구(對句)
The more, the better.
다다익선

The stronger the force, **the greater** the number of lines.
자력이 강하면 강할수록 자력선의 수가 더 많아진다.

The more I get, **the more** I want.
나는 더 많이 얻으면 얻을수록 부족해진다.

The thicker the walls (are), **the less** the noise comes through.
벽이 두꺼우면 두꺼울수록 소음이 적게 들어온다.

주의 be동사는 생략 가능하다.

03 ▸▸▸ 최상급에 the를 붙이는 경우

1 the + 최상급 + of all ~
Helium is **the most difficult of all** gases to liquefy.
헬륨은 모든 기체 중에서 액화되기가 가장 어렵다.

2 the + 최상급 + in + 장소 명사
New York is **the largest** city **in the world**.
➡ New York is **the world's largest** city.
뉴욕은 세계에서 가장 큰 도시이다.

3 the + 최상급 + ever
Benjamin Spock is **the most famous** pediatrician that **ever** lived.
벤자민 스폭은 여태껏 살았던 가장 유명한 소아과의사이다.

4 the + 최상급 + possible

This is **the best** choice **possible**.

→ This is **the best possible** choice.
이것이 가능한 최선의 선택이다.

5 the + 최상급 + yet

Child Care is **the most widely** read child care manual **yet** written.
〈육아〉 가 여태껏 쓰여진 가장 널리 읽히는 육아교본이다.

04 ▸▸▸ 최상급에 the를 붙이지 않는 경우

1 비교대상이 하나인 경우

I'm **happiest** when left alone.
나는 혼자 남겨질 때 가장 행복하다.

The lake is **deepest** at this spot.
호수는 이 지점이 가장 깊다.

2 부사의 최상급

My mother gets up **earliest** in our family.
우리 어머니는 가족 중에서 가장 일찍 일어나신다.

05 ▸▸▸ 원급비교문의 어순

as + 형용사 + a [an] + 명사 + as
not ~ as [so] + 형용사 + a [an] + 명사 + as

He is **as** good a singer **as** you.
그는 당신만큼 훌륭한 가수입니다.
He is **not so** good a singer **as** you.
그는 당신만큼 훌륭한 가수가 아닙니다.

06 ▸▸▸ 배수사 + 비교문

배수사 + as ~ as / more ~ than

1 twice + as ~ as: double은 못 쓴다.
The new model costs **twice as** much **as** last year's.
새 모델은 작년 모델보다 두 배나 비싸다.

주의 twice는 more~than 앞에는 못 온다.

2 세배 이상 + as ~ as / more ~ than

The mass of the sun is about **750 times as** great **as** that of all the planets combined.
태양의 부피는 모든 행성을 합친 것의 부피보다 약 750배나 더 크다.

비교 전치한정사 (☞ 형용사편 참조)

> 배수사 + 한정사 + 명사

- The river is **double** [twice, three times,...] **the length** of the Thames.
  그 강은 템스강의 길이의 두 배나 된다.

07 ▸▸▸ 수식어 + 수사

> as many / much as + 수사 : ~씩이나
> more than + 수사 : ~이상
> less than + 수사 : ~이하

The little boy has as many as ten books.
그 꼬마는 책을 10권씩이나 가지고 있다.

The dog ate as much as ten pounds of food.
그 개는 먹이를 10파운드씩이나 먹었다.

비교 as many + 가산명사: 같은 수의 ~

- I waited for ten minutes; that seemed to me **as many** hours.

  나는 10분을 기다렸는데, 그 10분이 나에게는 같은 수의 시간, 즉 10시간처럼 보였다.

 **as much + 불가산명사**: 같은 양의 ~

• He drinks ten glasses of juice and **as much** water a day.

그는 하루에 10잔의 주스와 같은 양의 물, 즉 10잔의 물을 마신다.

08 ▸▸▸ 비교급 + than any other + 단수명사: 비교급을 이용한 최상급

She is **more** beautiful **than any other girl**.
그녀는 어떤 다른 소녀보다 더 아름답다(즉, 가장 아름다운 소녀이다).

09 ▸▸▸ 〈동일한 대상의 두 가지 성질〉을 비교할 때는 1음절 형용사라고 하더라도 어미 -er를 붙이지 않고 more를 쓴다.

She is more **shy** than unsocial.
그녀는 비사교적이라기보다는 수줍어하는 편이다.

10 ▸▸▸ 라틴어에서 유래한 비교급은 to를 취한다.

> **(라틴어에서 유래한 비교급의 예)**
>
> senior - junior / major - minor / superior - inferior 등
>
> He is **senior** / **junior to** me (by three years).
> 그는 나보다 (세 살 정도) 더 나이가 많다 / 적다.

11 ▸▸▸ 이중 비교문

> **1** He is **as** weak **as**, if not **weaker than**, *she*.
> 삽입
> 그는 그녀보다 더 약하지는 않다 하더라도 그녀만큼은 약하다.
>
> **2** He is **as** weak **as** *she*, if not **weaker**.
> 부가
> 그는 더 약하지는 않다 하더라도 그녀만큼은 약하다.

12 ▸▸▸ favorite / unique / preferable / perfect / excellent 등과 같은 형용사는 〈비교급〉이나 〈최상급〉이 불가능하다.

My **most favorite** song is "What a Wonderful World" by Louis Armstrong.(X)

→ My **favorite** song is "What a Wonderful World" by Louis Armstrong.

내가 제일 좋아하는 노래는 루이암스트롱의 〈놀라운 세상〉이다.

The word Allah is **most unique** among the names of God in all the languages of mankind.(X)

→ The word Allah is **unique** among the names of God in all the languages of mankind.

알라라는 단어는 인류의 모든 언어에 있어서 신을 가리키는 이름 중에 가장 독특하다.

This option is **more preferable** to any other.(X)

→ This option is **preferable** to any other.

이 옵션은 어떤 다른 것보다 더 좋다(즉, 이 옵션이 가장 좋다).

 비교급, 최상급이 없는 형용사도 있지만, 두 가지의 비교급, 최상급을 가지고 있는 형용사도 있다. 그런데 각각 서로 의미가 다르다는 점에 주의해야 한다.

- far(먼, 멀리) − farther − farthest 〈거리〉
  far(한층 더, 더욱더) − further − furthest 〈정도〉

They traveled much **farther**. 그들은 훨씬 더 멀리까지 여행했다.
A **further** study is needed in this area. 이 분야에서는 더 깊이 있는 연구가 필요하다.

- late(늦은, 늦게) − later − latest 〈시간〉
  late(후반의) − latter − last 〈순서〉

one hour **later** 한 시간 후에
the **latter** half of the 19th century 19세기 후반기
the **former** half of the 19th century 19세기 전반기

- little(적은 양의, 크기가 작은) – less(양이나 크기가 더 적은) – least
                                – lesser(가치나 중요성이 덜 한) – least

less fat 더 적은 양의 기름
lesser countries 약소 국가들

- old(나이가 많은, 낡은) – older – oldest 〈나이〉
  old(연장의) – elder – eldest 〈위·아래〉

the **older** models 구형 모델들
my **elder** brother 우리 형

13 ▸▸▸ 비교에 관련된 관용적인 표현

1 as ~ as possible = as ~ as + S + can: 가능한 한 ~
Come **as** soon **as possible**. = Come **as** soon **as you can**.
가능한 한 빨리 와라.

> **참고** (as) + 원급 + as + (원급) + can be: 더 할 나위 없이 ~한
> - Uncle Timothy had been (**as**) **kind as** (**kind**) **could be**.
>   티모시 삼촌은 더 할 나위 없이 친절했다.

2 much[still] more: 긍정문에 쓰이며, '~는 물론, 하물며'의 뜻이다.
He can speak French, **much more** English.
그는 영어는 물론이고 불어도 할 수 있다.

3 much[still] less: 부정문에 쓰이며, '~는 고사하고, ~는 더더욱 아니다'의 뜻이다.
He cannot speak English, **much less** French.
그는 불어는 고사하고 영어도 못 한다.

4 not so much A as B = not A so much as B: A라기보다는 오히려 B

He is **not so much** a teacher **as** a singer.

그는 교사라기보다는 오히려 가수이다.

5 no more than: ~뿐, 오직(only)

He has **no more than** 10 dollars.

그에게는 10달러뿐이다.

6 no less than: (양이) ~씩이나(as much as)

He has **no less than** 10 pounds of meat.

그에게는 고기가 10파운드씩이나 있다.

> [비교] no fewer than: (수가) ~씩이나(as many as)
>
> - He has **no fewer than** 10 books.
>   그에게는 책이 10권씩이나 있다.

7 A is no more B than C: A가 B하지 않은 것은 C가 B하지 않은 것과 같다

A whale is **no more** a fish **than** a horse.

= A whale is **not** a fish **any more than** a horse.

고래가 물고기가 아닌 것은 말이 물고기가 아닌 것과 같다.

> [비교] A is no less B than C: A가 B한 것은 C가 B한 것과 같다
>
> - He is **no less** diligent **than** you.
>   그가 근면한 것은 네가 근면한 것과 같다.

16 ▶▶▶ 비교 예제

01 Scientists believe that the beaver's instinct to build dams is more complex than __________ other animal instinct. (홍익대 98–2)

   Ⓐ most   Ⓑ all
   Ⓒ any   Ⓓ these

02 "The trumpet player was certainly very loud."
"I don't mind his loudness __________ his lack of talent." (고려대)

   Ⓐ so much as   Ⓑ rather than
   Ⓒ as   Ⓓ than

03 He claims that this is __________ anybody could have feared, but that's not quite right. (홍익대 08–1)

   Ⓐ as bad a result for the drug as
   Ⓑ a bad result as for the drug as
   Ⓒ as a bad result for the drug as
   Ⓓ as bad a result as for the drug

04 My experience with kids is probably just as good as, __________ , any high school sitter. (경희대 07–1)

   Ⓐ if not better than   Ⓑ and better than
   Ⓒ better than   Ⓓ not if better than

05 Whether he agrees or not, this was the <u>most</u> <u>perfect</u> <u>opportunity</u> <u>for</u>
                       Ⓐ   Ⓑ   Ⓒ

<u>you</u> and me under the circumstances. (중앙대)
 Ⓓ

06 Joe is __________ of the twins. (서울여대 01-2)

Ⓐ taller　　　　　　　　　　Ⓑ the taller
Ⓒ tallest　　　　　　　　　　Ⓓ the tallest

07 I don't think that Mike is very efficient; still __________ do I think that his assistants are. (성균관대 05-1)

Ⓐ more　　　　　　　　　　Ⓑ less
Ⓒ nor　　　　　　　　　　　Ⓓ never
Ⓔ so

08 The sailors finally came to know that the lake was the deepest at the
　　　　　　　　　　　　　Ⓐ　　　　　　　　　　　　　Ⓑ
spot where they were trying to anchor the ship. (단국대 04-2)
　　　Ⓒ　　　　　　　　Ⓓ

09 The restaurant served the __________ pie that Mr. Dooley had ever eaten. (숭실대)

Ⓐ tasty　　　　　　　　　　Ⓑ tastier
Ⓒ tastiest　　　　　　　　　Ⓓ more tasty

10 According to the recent research, a person's attention is attracted __________ by the intensity of different signals as by their context and significance. (덕성여대 03-1) (한국항공대 05-1)

Ⓐ not so much　　　　　　　Ⓑ much not so
Ⓒ so not much　　　　　　　Ⓓ so much not

11 He drank two bottles of wine and ___________ . (아주대 04−1)

Ⓐ as much beer   Ⓑ as many beer
Ⓒ as much as beer   Ⓓ as many as beer

12 I would appreciate it a great deal if you could reply to me as early as
  Ⓐ   Ⓑ Ⓒ   Ⓓ

possible you can. (건국대)

13 The sooner the building is finished, ___________ the companies will be
able to open their new offices. (아주대 02−1)

Ⓐ quickly   Ⓑ the faster
Ⓒ the better   Ⓓ soon

14 The cheetah, which is ___________ land animal, has been hunted
almost to extinction. (서울여대 00−2)

Ⓐ the world's fastest   Ⓑ fastest world
Ⓒ fastest in the world   Ⓓ and the fastest

15 Although both of them are trying to get the scholarship, he has the
        Ⓐ   Ⓑ   Ⓒ

highest grades. (광운대 02−2)
 Ⓓ

16 The stronger __________ magnetic field, the greater the voltage produced by a generator. (서강대 08-1)

 Ⓐ than the   Ⓑ is the
 Ⓒ is equal to   Ⓓ the

17 The Japanese use seven times __________ for food as do Americans. (아주대 03-1) (동아대 04-2)

 Ⓐ the fish   Ⓑ more fish
 Ⓒ as much fish   Ⓓ as fish

18 Some people are so reliable and trustworthy as the sunrise. (아주대 04-1)
   Ⓐ   Ⓑ   Ⓒ   Ⓓ

19 An elephant can lift __________ a ton with its tusks. (홍익대 97-2) (홍익대00-1)

 Ⓐ so much that   Ⓑ it
 Ⓒ most   Ⓓ as much as

20 The bill for lunch was twice more than I thought it would be. (광운대 05-2)
   Ⓐ   Ⓑ   Ⓒ   Ⓓ

• 일치

일치에는 주어와 동사 사이의 수의 일치, 명사와 대명사 사이의 성, 수, 인칭의 일치, 주절의 동사와 종속절의 동사 사이의 시제의 일치, 수식어와 수식을 받는 표현 사이의 수의 일치, 주절의 주어와 종속절의 주어 사이의 성, 수, 인칭의 일치 등이 있다.

• 병치

병치구문이란 〈문법적 차원〉 뿐만 아니라, 〈의미적 차원〉에서도 대등한 구문을 말한다. 예를 들어, 'beer(맥주), winery(양조장) and whiskey(위스키)'는 문법적으로 볼 때에는 다 명사이기 때문에 병치구문이 되는 것 같지만, 의미상으로 볼 때에는 나머지는 다 술이지만 양조장은 술이 아니고 장소이기 때문에 병치구문이 되지 못하는 것이다. 'beer(맥주), wine(포도주) and whiskey(위스키)'라고 해야 병치구문이 된다.

• 도치

도치란 '어떤 요소'가 절 앞으로 나왔을 때, 〈주어 + 동사〉가 〈동사 + 주어〉로 어순이 바뀌는 것을 말한다. '다른 요소'가 나올 때에는 어순이 바뀌지 않고, 유독 '어떤 요소'가 나올 때에만 어순이 바뀌기 때문에 반드시 '어떤 요소'가 무엇인지 숙지해야 한다. 어순이 바뀌는 방식은 한마디로 의문문의 어순과 같아진다고 생각하면 된다. 즉, be동사나 조동사는 그대로 바꿔주면 되고, 일반동사는 그대로 바꿀 수가 없고 대신에 조동사 do를 써야한다.

17

일치·병치·도치

01 ▸▸▸ 일치

1 There is + 단수명사 / There are + 복수명사
There is a book on the table.
There are many books on the table.

2 One [The only one] of + 한정사 + 복수명사 + 단수동사 (☞ 관계사편 참조)
One of my favorite novels **is** *Gone with the wind*.

3 부분을 나타내는 표현 (☞ 명사와 관사편 참조)
Most of my time **is** spent in studying English.
Most of his efforts **are** spent in vain.

4 Either A or B
Neither A nor B ➡ 모두 동사의 수를 B에 일치시킨다. (☞ 접속사편 참조)
Not A but B
Not only A but also B
Either my uncle **or** my parents **are** here.

5 B as well as A ➡ 동사의 수를 B에 일치시킨다. (☞ 접속사편 참조)
You **as well as** he **are** to blame for the accident.

6 each와 every는 단수로 취급한다. (☞ 대명사편 참조)
Each student **is** writing a letter to **his** parents.

Each of the students **is** writing a letter to **his** parents.
Every one **has his** own life style.

7 many의 세 가지 용법 (☞ 명사와 관사편 참조)
Many books **are** lost.
Many a book **is** lost.
A great[**good**] **many** books **are** lost.

8 a kind of + 단수명사 / ~ kinds of + 복수명사 (☞ 명사와 관사편 참조)
a **kind** of **book**
many **kinds** of **books**

9 대명사는 그 대명사가 가리키는 명사와 성, 수, 인칭이 일치해야한다.
She owned a small glass and a crystal, and claimed that **they**

had a mysterious healing power.
그녀는 작은 유리와 수정을 가지고 있었는데, 그것들이 병을 치료하는 신비한 힘을 가지고
있다고 주장했다.

10 주어가 길 때에는 〈맨 앞의 첫 번째 명사〉에 동사의 수가 일치된다.
The stress of examinations and interviews **is** over.
긴 주어
시험과 면접에 대한 스트레스가 끝났다.

02 ▸▸▸ 병치

1 and / but / or 등과 같은 〈등위접속사〉에 의해 연결되는 요소들은 병치구문을 형성한다.

1. 단어 병치구문

He can play tennis, baseball, **and** football. 〈명사 병치〉
They drank, sang, **and** danced. 〈동사 병치〉
The old man is a very tired **but** interesting man. 〈분사 병치〉

2. 구 / 절 병치구문

I have no interest in **and** aptitude for mathematics. 〈구 병치〉
나에게는 수학에 대한 관심과 적성이 없다.

The author is famous **not only** for his novels **but also** for his poems. 〈구 병치〉
그 작가는 소설뿐만 아니라 시로도 유명하다.

They are living in Canada **or** they are spending a vacation there. 〈절 병치〉
그들은 캐나다에 살고 있거나 아니면 캐나다에서 휴가를 보내고 있다.

3. 생략 병치구문

They were advised to equip their cars with snow tires **and** (to) bring warm clothing. 〈첫 번째 to는 생략 불가능〉
그들은 자기 차에 스노우 타이어를 비치하고 따뜻한 의류를 가지고 다니도록 권고 받았다.

She said (that) he was angry **and** that he would not attend the ceremony. 〈첫 번째 that만 생략 가능〉
그녀는 그가 화가 났고 그 행사에 참석하지 않을 거라고 말했다.

2 모든 종류의 〈비교문〉에서 비교되는 대상 A와 B는 병치구문을 형성한다.

1. ▪ A ~ as ~ as B

　　▪ A ~ more ~ than B

　　▪ would rather A than B / A rather than B

I wondered if I looked **as** funny to him **as** he did to me.
　　　　　　　　　　A　　　　　　　　　　　　B

나는 그가 나에게 우스꽝스럽게 보였던 것처럼 나도 그에게 우스꽝스럽게 보였는지 궁금했다.

Venus approaches the Earth **more** closely **than** any other
　　　　　A　　　　　　　　　　　　　　　　　　　　B

planet does.

금성은 어떤 다른 행성보다도 지구에 더 가깝게 접근한다.

I'd rather die **than** marry him.
　　　　　A　　　　B

나는 그와 결혼하느니 차라리 죽겠다.

2. ▪ A is (un)like B A는 B와 같다[다르다]

　　▪ A is similar to / is different from / differs from B

　　▪ A is the same as B

　　▪ compare A with B

The climate of Italy **is** somewhat **like** that of Florida.
　　　　　A　　　　　　　　　　　　　　B

이태리의 기후는 플로리다의 기후와 거의 같다.

The climate of Italy **is similar to** that of Florida.
　　　　　A　　　　　　　　　　　　　B

이태리의 기후는 플로리다의 기후와 비슷하다.

Yours **is the same as** mine.
　A　　　　　　　　B

너의 것은 내 것과 같다.

Today, let's **compare** Seoul **with** Tokyo.
　　　　　　　　　A　　　　B

오늘은 서울을 동경과 비교해 봅시다.

03 ▸▸▸ 도치

1 never / hardly / seldom / not only / not until / nor / rarely 등과 같은 부정부사

Not until yesterday **did John** tell me the truth.
어제가 되어서야 비로소 존은 나에게 진실을 말했다.
Not until the Korean War outbroke **did he** make the machine.
한국전쟁이 발발하고 나서야 비로소 그는 그 기계를 만들었다.

> **예외** 〈완전부정〉이나 〈부분부정〉은 도치가 되지 않는다.
>
> - **Not a** soul was to be seen on the street. 〈완전부정〉
> - **Not all** students are agreed. 〈부분부정〉

> **참고** not + any / a [an] / one = no
>
> - They did **not** pay **any** attention. = They paid **no** attention.
>   그들은 전혀 관심을 보이지 않았다.
> - **Not a** sound is to be heard. = **No** sound is to be heard.
>   어떤 소리도 들리지 않는다.

> **참고** not ~ until [till] ... : ...하고서야 비로소 ~하다
>
> - She did**n't** arrive **until[till]** 5 o'clock.
>   그녀는 5시가 되어서야 비로소 도착했다.

2 강조부사 only가 포함된 부사

Only then **did I** meet her.
　　　　부사
오직 그때만 나는 그녀를 만났다.

Only when I sleep **can I** see you in my dreams.
　　　　　　　부사
나는 잠을 잘 때만 꿈속에서 너를 볼 수 있다.

3 장소부사: 주어가 〈대명사〉이거나 동사가 〈타동사〉이면 도치가 일어나지 않는다.

East of Korea lies Japan.
　　장소 부사　　　자동사　명사

Here you are.
장소 부사　대명사　자동사

 방위를 나타내는 표현은 정관사가 붙으면 〈명사〉, 그렇지 않으면 〈부사〉가 된다.

(☞ 명사와 관사편 참조)

- Japan lies **east** of Korea.
  부사

- Japan lies to **the east** of Korea.
  명사

 among 도치구문

- Several foreigners were among the guests invited.

  ➡ **Among** the guests invited **were several foreigners**.
  몇몇의 외국인들이 초대받은 손님들에 속해 있었다.

4 so / neither[nor]

He received an invitation card. **So did I.**

그는 초대장을 받았어. 나도 그랬어.

He didn't receive an invitation card. **Neither did I.**

그는 초대장을 못 받았어. 나도 그랬어.

He didn't receive an invitation card, *and* nor did I.(X)
　　　　　　　　　　　　　　　　　　접속사 접속사

그는 초대장을 못 받았는데, 나도 그랬어.

➡ He didn't receive an invitation card, **nor did I.**

He didn't receive an invitation card, *and* **neither did I.**
　　　　　　　　　　　　　　　　　　접속사　　　부사

5 주격 보어

Her joy was so great that she shed tears.

➡ **So great was her joy** that she shed tears.
그녀는 기쁨이 매우 커서 눈물을 흘렸다.

 분사 도치구문

- The sight of Bangkok's skyscrapers was striking.

  ➡ **Striking was the sight of Bangkok's skyscrapers.**
  방콕의 고층건물들의 모습은 인상적이었다.

17 ▸▸▸ 일치·병치·도치 예제

01 A third of those who plan to vote yes doesn't really want Quebec to
ⓐ   ⓑ   ⓒ

be independent of Canada. (단국대)
ⓓ

02 I couldn't attend the meeting, __________ . (계명대 01-2)

ⓐ and nor I did want   ⓑ nor did I want to
ⓒ neither I wanted to   ⓓ I didn't want, either

03 Each and every one of the poisonous snakes in captivity at the zoo
ⓐ   ⓑ

require a special kind of diet based on the food they used to eat in
ⓒ   ⓓ   ⓔ

the wild. (고려대 03-2)

04 An automatic teller is a machine that lets you make a deposit or
__________ cash from your bank account. (서경대 08-1)

ⓐ take out   ⓑ takes out
ⓒ taking out   ⓓ to take out

05 I worked with the poor for several years, yet I didn't feel I really
ⓐ   ⓑ   ⓒ

understood his problems. (한성대 00-2)
ⓓ

06 Bankruptcy legislation <u>is designed to provide</u> an <u>orderly</u> and <u>equitably</u>
　　　　　　　　　　　　　　Ⓐ　　　　　　　　　　　　　　　　　Ⓑ　　　　　Ⓒ

liquidation of the estate of an <u>insolvent debtor</u>. (홍익대 01-1) (고려대 03-1)
　　　　　　　　　　　　　　　Ⓓ

07 ___________ all rainwater falling from a cloud reaches the ground;
some of it is lost through evaporation. (동아대 05-2)

Ⓐ No　　　　　　　　　　　　　Ⓑ Not
Ⓒ Nowhere　　　　　　　　　　Ⓓ None
Ⓔ Nor

08 I'll have to start <u>cooking</u> just for me tonight <u>since</u> neither of my
　　　　　　　　　　　　Ⓐ　　　　　　　　　　　　　　　Ⓑ

roommates <u>have come</u> <u>yet</u>. (숙명여대)
　　　　　　Ⓒ　　　　Ⓓ

09 Only for a short period of time ___________ run at top speed. (한성대 01-2)

Ⓐ can　　　　　　　　　　　　　Ⓑ cheetahs
Ⓒ do cheetahs　　　　　　　　　Ⓓ that a cheetah can

10 The number of <u>returning</u> students <u>were</u> <u>larger</u> than our staff <u>had</u>
　　　　　　　Ⓐ　　　　　　　　Ⓑ　　　Ⓒ　　　　　　　　Ⓓ

<u>expected</u>. (인하대)

11 The ears of a rabbit are much longer than __________ of a dog.
(계명대 05–1)

Ⓐ they

Ⓑ them

Ⓒ that

Ⓓ those

12 Among the problems that those involved in international marriages
encounter __________ problems of loneliness, miscommunication,
and differences in expectations. (경희대 07–1)

Ⓐ is

Ⓑ there are

Ⓒ are

Ⓓ is there

13 There're always a lot of traffic in the downtown area at this time of
      Ⓐ   Ⓑ   Ⓒ
the day. (단국대 02–1)
   Ⓓ

14 There is no railroad system on Cheju Island, nor __________ a
subway system. (경희대 03–1)

Ⓐ there is not

Ⓑ it is

Ⓒ there is

Ⓓ is there

15 옳게 영작한 것을 고르시오. (숙명여대 03–1)

사람들은 건강을 잃고 나서야 비로소 건강의 복됨을 안다.

Ⓐ Human beings do not know that their health is lucky after
they lose it.

Ⓑ Human beings forget about the importance of health even after
losing it.

Ⓒ People do not know the blessing of health till they lose it.

Ⓓ People do know the blessing of health until they lose it.

Ⓔ We do not realize the special gift of health unless we waste it.

16 Neither the teacher nor the children __________ where the principal is right now. (서울여대 01-2)

Ⓐ knew
Ⓑ know
Ⓒ knows
Ⓓ knowing

17 Here they used to sit in the shade through a long lazy summer day
　　　　　　Ⓐ　　　　　　　　　　　　Ⓑ
to talk over village gossip or telling endless sleepy stories about
　　Ⓒ　　　　　　　　　　　　　　　　　Ⓓ
nothing. (경기대)

18 __________ exerted by tornadoes that they have been known to lift railroad locomotives off their tracks. (숙명여대 08-1)

Ⓐ The great force is
Ⓑ The force is great
Ⓒ Never has the force
Ⓓ How great the force is
Ⓔ So great is the force

19 The conditions stated in the treaty which has been drafted by the
　　　　　　　　　Ⓐ　　　　　　　　　　　　Ⓑ
United Nations has not been made public. (고려대 03-2)
　　　　　　Ⓒ　　　　　　Ⓓ

20 Ellen Richards began work in the new field of "sanitary science" which was concerned with waste removal, water purification and __________ . (아주대 02-1)

Ⓐ to ventilate adequately
Ⓑ adequate ventilation
Ⓒ adequate ventilate
Ⓓ ventilation adequately

21 Not until about 20,000 B.C. ___________ executed. (아주대 03-1)

Ⓐ were known of the oldest paintings
Ⓑ the oldest of known paintings were
Ⓒ the oldest known were paintings
Ⓓ were the oldest known paintings

22 Let us suppose one of the free landowners of the district <u>have been</u>
Ⓐ

called to deal <u>with</u> the case of some man who <u>is</u> said to have
Ⓑ Ⓒ

<u>committed a crime.</u> (숙명여대)
Ⓓ

23 ___________ here are major natural disasters that occurred in 2006.
(서울여대 07-1)

Ⓐ Listed   Ⓑ List
Ⓒ Listing   Ⓓ To list

24 옳게 영작한 것을 고르시오. (국민대 03-1)

나는 그 수학문제를 아무도 풀지 못했다고 생각하며, 내 친구도 그렇게 생각한다.

Ⓐ I think that someone solved that math problem, and so does my friend.
Ⓑ I think that anyone didn't solve that math problem, but does my friend.
Ⓒ I don't think that someone didn't solve that math problem, but my friend does.
Ⓓ I don't think that anyone solved that math problem, and neither does my friend.

25 I'm so tired. I'd rather stay at home __________ to the movies. (명지대 01-2)

Ⓐ to go   Ⓑ than go
Ⓒ to going   Ⓓ than going

26 In the center of the balcony __________ the guest of honor. (전남대 00-1)

Ⓐ set   Ⓑ sit
Ⓒ sat   Ⓓ sitting

27 Each of the rooms in this house are equipped with air conditioning. (세종대)
      Ⓐ   Ⓑ   Ⓒ   Ⓓ

28 It is foolish to think that a leader's skills can be applied to all occasions, that they can be taught outside a historical context, or __________ as a "secret" of control in every situation. (서강대 07-1)

Ⓐ he can learn them   Ⓑ they can learn them
Ⓒ they learn   Ⓓ that they can be learned

29 Not only __________ generate energy, but it also produces fuel for other fission reactors. (한국외대 04-1) (세종대 04-2)

Ⓐ a nuclear breeder reactor
Ⓑ it is a nuclear breeder reactor
Ⓒ does a nuclear breeder reactor
Ⓓ is a nuclear breeder reactor

30 For some reason they didn't receive the fax and your letter hasn't
      Ⓐ   Ⓑ   Ⓒ
arrived too. (경기대 03-2)
      Ⓓ

부록

부록 1. 전치사

1 전치사는 목적어 자리에 to 부정사를 취할 수 없으나, 예외적으로 be about 다음, have no choice but 다음, know better than 다음에는 to 부정사가 올 수 있다.(☞ 부정사편 참조)

We **were about to start**, when it rained.

We **have no choice but to decline** your proposal.

I **know better than to do** such a thing.

2 전치사는 목적어 자리에 that-절을 취할 수 없으나, 예외적으로 but[except/save]이나 in 뒤에는 that-절이 올 수 있다.(☞ 가정법편과 접속사편 참조)

I would buy the car **but that** I am poor.

Men differ from brutes **in that** they can think and speak.

3 전치사는 목적어 자리에 동명사를 취할 수 있지만, 예외적으로 취할수 없는 것도 있다.
(☞ 동명사편 참조)

I **had difficulty with carrying** this trunk.(X)

➡ I **had difficulty with** this trunk.

With using computers, we can exchange e-mail messages.(X)

➡ **By using** computers, we can exchange e-mail messages.
컴퓨터를 사용함으로써 우리는 이메일을 교환할 수 있다.

4 거리명 앞에는 on을 쓰지만, 거리명 앞에 번지수까지 표시되면 at을 쓴다.
She lives **at** 78 Maple Street.

> **주의** 서수는 번지수가 아니라 거리명의 일부이다. 그래서 **on**이 붙는다.
>
> - She lives **on** 78th Maple Street.

5 달이나 연도 앞에는 in을 쓰지만, 날짜까지 표시되면 on을 쓴다.

in June / **in** 1950

➡ **on** June **25**, 1950

> **참고** <on + ~ day>
>
> - **on** Sunday / **on** my birthday / **on** New Year's Day 등

6 '해발'은 above (the) sea level로 표현한다.

Mount Everest is 8,850 meters **above sea level**.

에베레스트산은 해발 8,850미터이다.

> **비교** '해저'는 below (the) sea level로 표현한다.

7 두 지역 사이가 떨어져 있을 때는 to를 쓰고, 인접해 있을 때는 on 을 쓴다.

Japan lies **to** the east of Korea.

일본은 한국 동쪽에 있다.

China is situated **on** the north of the Korean peninsula.

중국은 한반도 북쪽에 위치해 있다.

8 '~동안'이란 뜻의 for와 during의 차이:

〈for + 막연한 시간을 나타내는 수사 동반 명사〉

〈during + 특정한 기간을 나타내는 일반명사〉

I have been waiting here **for two hours**.

나는 두 시간 동안 여기에서 기다리고 있다.

During my stay in Chicago I met Mr. Brown.

나는 시카고에 체류하는 동안 브라운씨를 만났다.

9 전치사 to가 붙는 전치사

> ■ **according to** ~에 따라
>
> ■ **as to** ~에 대하여(about/concerning)
>
> ■ **close to** ~에 가까이
>
> ■ **due to** ~ 때문에
>
> ■ **in [with] regard to** ~에 관하여(as regards/regarding)
>
> ■ **owing to** ~ 때문에
>
> ■ **thanks to** ~덕택에

She enquired as to your whereabouts.
그녀가 너의 행방에 대해 물었다.

There was no consensus in regard to that.
그것에 관하여 합의가 이루어지지 않았다.

참고 전치사 to가 붙는 명사

- allusion to
  ~에 대한 암시
- alternative to
  ~에 대한 대안
- antidote to
  ~에 대한 해독제[해결책]
- introduction to
  ~에 대한 소개
- key to
  ~에 대한 열쇠[비결]
- obstacle to
  ~에 대한 장애
- resemblance to
  ~와의 유사점
- solution to
  ~에 대한 해결책

10 전치사 of가 붙는 전치사

- **as of** ~현재로
- **because of** ~때문에
- **in spite of** ~에도 불구하고(despite)
- **irrespective of** ~와는 무관하게(regardless of)

As of 2001, the average tariff on imports was about 13.8%.
2001년 현재로 평균 수입관세는 약 13.8%였다.

The club welcomes all new members **regardless of** age.
그 클럽은 나이와 무관하게 모든 신입회원을 환영한다.

> **주의** despite에는 절대로 전치사가 of가 붙지 않는다.
> - **Despite** the cold wind, they went out without their coats.
>   차가운 바람에도 불구하고 그들은 코트도 입지 않은 채 밖으로 나갔다.

11 with는 〈구체적인 도구〉를 나타내고, by는 〈수단·방법〉을 나타낸다.

I have no pen to write **with**.
도구

나에게는 쓸 펜이 없다.

Please let me know **by** letter.
수단

편지로 저에게 알려주세요.

12 by의 6가지 용법

- **수동태**

  He was brought up **by** an aunt.
  그는 이모에 의해 길러졌다.

- **수단·방법**

  I always go home **by** bus.
  나는 항상 버스를 타고 집에 간다.

- ■ 판단근거[기준]

  A man is known **by** the company whom he keeps.
  친구를 보면 그 사람을 알 수 있다.

- ■ 완료

  I arrived a mile outside the town **by** mid-afternoon.
  나는 오후 중반까지 그 마을 1마일 밖에 도착했다.

- ■ 단위

  In general, Korean workers are paid **by** the hour.
  일반적으로 한국의 근로자들은 시간당으로 임금을 받는다.

- ■ 정도

  He is senior to me **by** three years.
  그는 나보다 세 살 정도 더 나이가 많다.

13 동사 rob은 of와 함께 쓰이고, 동사 steal은 from과 함께 쓰인다.

They **robbed** him **of** his farm. 〈박탈 / 제거의 of〉
그들은 그에게서 농장을 빼앗았다.

The thief **stole** his wallet **from** him.
도둑이 그에게서 지갑을 훔쳤다.

참고 〈박탈 / 제거의 of〉가 쓰인 다른 예

- This medicine will **cure** you **of** your headache.
  이 약은 네 두통을 낫게 해줄 거야.
- Jesus **healed** ten lepers **of** their disease.
  예수는 10명의 나병환자의 병을 치료해주었다.
- They **deprived** her **of** all her rights.
  그들은 그녀에게서 모든 권리를 빼앗았다.
- We should **rid** ourselves **of** prejudice.
  우리는 자신으로부터 편견을 없애야 한다.

14 in과 within의 차이

Fred recovered from his illness **in** 3 days. 〈~가 지나서〉
프레드는 3일이 지나서 건강이 회복되었다.

I shall be here **within** three weeks. 〈~이내에〉
나는 3주 이내에 여기에 올 것이다.

15 between과 among의 차이:
between은 '둘'을 가리키고, among은 '셋 이상'을 가리킨다.

> - between 명사 and 명사
> - between + (two) 복수명사 〈개수가 항상 둘인 명사의 경우에는 two 생략 가능〉
> - among + 복수명사

There is no difference **between** men **and** women.
남녀간에 차이가 없다.

There is a pharmacy **between** the **two** buildings.
그 두 건물 사이에 약국이 있다.

Things aren't right **between** her **parents**. 〈부모는 항상 둘〉
그녀의 부모님들 사이에 상황이 좋지 않다.

She is **among** the prize winners.
그녀는 수상자들 사이에 속해 있다.

16 near와 nearby의 차이

near: 〈전치사 / 형용사 / 부사 / 동사〉

near a lake
호수 근처에

nearby: 〈형용사 / 부사〉

a **nearby** lake
근처의 호수

17 전치사의 종류에 따라 의미가 달라지는 표현들 (☞ 동사 I편 참조)

- compare with(~와 비교하다) — compare to(~에 비유하다)
- succeed in(~에 성공하다) — succeed to(~을 계승하다)
- consist of(~으로 구성되다) — consist in(~에 있다)
- result in(~의 결과로 되다) — result from(~로부터 생기다)
- be good at(~을 잘 하다) — be good for(~에 좋다)
- be familiar with(~에 정통하다) — be familiar to(~에게 잘 알려져 있다)
- be tired of(~에 싫증이 나다) — be tired with(~로 지치다)
- be concerned in(~에 관련되다) — be concerned about(~에 대해 염려하다)
- be made of(~로 만들어지다) — be made from(~로 만들어지다)

He **is familiar with** economics.
그는 경제학에 정통하다.

The proverb **is familiar to** us.
그 속담이 우리에게 잘 알려져 있다.

Traditional Korean shoes **were made of** straw. 〈물리적 변화〉
전통적인 한국신발은 짚으로 만들어졌다.

Plastic **is made from** petroleum. 〈화학적 변화〉
플라스틱은 석유로 만들어진다.

부록 2. do와 make의 구분

do를 쓰는 관용어구

- **do a deal with**
~와 거래하다; ~와 계약을 맺다
- **do a degree**
학위를 취득하다
- **do a favor for**
~에게 부탁을 들어주다
- **do a kindness to**
~를 친절하게 대하다
- **do a problem[=a puzzle]**
문제[수수께끼]를 풀다
- **do business with**
~와 거래하다
- **do[=cause] damage to**
~에 피해를 주다
- **do exercise**
운동하다
- **do good to**
~에게 이롭다; ~에게 친절을 다하다
- **do harm to**
~에게 해를 입히다
- **do justice to**
~을 정당하게 다루다
- **do lessons**
학과를 배우다
- **do[=try] one's best**
최선을 다하다

- **do one's do**
할 일을 다하다, 본분을 다하다
- **do one's duty**
의무를 다하다
- **do one's face**
화장하다
- **do one's hair**
머리를 손질하다
- **do one's homework**
숙제를 하다; (구어) 문제를 숙고하다
- **do one's job[=work]**
일을 하다
- **do one's shopping**
쇼핑하다
- **do somebody wrong**
남을 부당하게 대하다
- **do some research**
(~하기 전에) 잘 알아봐라
- **do the dishes**
설거지를 하다
- **do the laundry**
세탁하다
- **do the sights**
관광하다
- **do[=serve] time**
(속어) 형기를 치르다

make를 쓰는 관용어구

- make a[the] bed
이불을 깔다; 이불을 개다
- make[=have] a choice
선택하다
- make a claim for
~을 요구하다, ~의 소유권을 주장하다
- make a complaint against
~를 고소하다
- make a conclusion
결론을 내리다
- make a confidence[confidences] to
~에게 속을 털어놓다
- make a contribution to
~에 기여하다
- make a decision
결정을 내리다
- make a delivery
배달하다
- make a deposit
입금하다
- make a difference
중요하다
- make a discovery
발견하다
- make[=start] a fire
불을 붙이다
- make a fortune
한 재산 만들다, 돈을 많이 벌다
- make a fuss
야단법석을 떨다
- make a journey
여행하다

- make a loan
융자해주다
- make a mark
점수를 얻다
- make a mess of
~을 엉망으로 만들다
- make a mistake
실수하다
- make a move
이동하다; 행동을 시작하다
- make a name for oneself
유명해지다
- make a noise
소리를 내다, 소란 피우다
- make a noise in the world
유명해지다
- make a plan
계획을 세우다
- make a point
잘 납득하게 만들다
- make a prediction
예측하다
- make a present
발표하다
- make a profit on
~으로 이익을 보다
- make a promise
약속하다
- make a proposal to
~에게 청혼하다
- make[=pass] a remark on
~에 관해서 무엇인가 말하다

- **make a request for**
~을 간청하다
- **make a reservation**
예약하다
- **make a scene**
야단법석을 떨다
- **make[=deliver] a speech**
연설하다
- **make a stop**
정지하다
- **make a start**
개시하다, 착수하다
- **make a statement**
성명을 발표하다
- **make a suggestion**
제안하다
- **make advance to**
~에게 선불해 주다
- **make an announcement**
알리다
- **make an apology for**
~을 사과하다
- **make an application to**
~에 신청하다
- **make[=fix] an appointment [=engagement]**
약속을 정하다
- **make an attempt to V**
~하려고 시도하다
- **make an effort**
노력하다
- **make an excuse for**
~의 구실을 대다, 변명을 하다
- **make[=leave] an impression on**
~에 인상을 주다

- **make an investment**
투자하다
- **make an observation**
관찰하다
- **make an offer**
신청하다, 제의하다
- **make[=place] an order for**
~을 주문하다
- **make a profit**
이익을 내다
- **make a trip**
여행하다; 과실을 범하다
- **make a withdrawal**
인출하다
- **make holiday**
일을 쉬다
- **make an inquiry into**
~을 조사하다
- **make comments on**
~을 논평하다
- **make innovations**
여러 가지 개혁을 하다
- **make[=earn] money**
돈을 벌다
- **make payment**
지불하다
- **make plans for the future**
장래의 계획을 세우다
- **make progress[=development]**
전진하다, 진보하다
- **make reference to**
~을 참고하다
- **make sense**
이치에 닿다, 뜻이 통하다

해답·해설

01. B

해석 은행의 안내직원이 고객들에게 이용할 수 있는 몇몇 다른 종류의 당좌예금이 있다고 말해주었다.
힌트 tell + 사람 + that S + V

02. B

해석 판사들은 간디 편에서 고소장을 제출하는 것을 3개월 연기하는 것에 반대했다.
힌트 object + to 명사/동명사

03. C

해석 그 위원회 의장은 그 돈의 용도에 대해 설명해야만 했다.
힌트 account for ① 설명하다 ② ~의 원인이다 ③ 차지하다

04. C

해석 A: 20달러면 충분하겠니? B: 10달러로도 충분해요.
힌트 will do 좋다, 충분하다

05. C

해석 바로 이것이 재즈음악이 연주될 때마다 조금씩 다르게 들릴 수 있는 이유이다.
힌트 sound(2형식) + 보어

06. A

해석 네 이름이 언급되지 않을 것이라고 나는 확신할 수 있다.
힌트 assure + 사람 + of ~/that S + V

07. D

해석 두 사건을 연결시켜주는 뇌세포의 수용체는 평생에 걸쳐 변하는 구성요소들로 이루어져 있다.
힌트 help + 동사원형

08. D

해석 일단 결정을 하고나서 재고하는 것은 단지 더 중요한 일을 방해할 따름이다.
힌트 interfere(1형식) + with/in

09. B

해석 외국인들이 은행에 여권을 가지고 오지 않으면 수표를 현금으로 바꾸기가 어려울 것이다.
힌트 get(5형식) + 목적어 + 보어(동사원형X)

10. B

해석 많은 문제에 대해 두 사람의 생각이 가까웠기 때문에 우리 역사상 결정적인 시기에 그들이 쉽게 협력할 수 있었다.
힌트 make + it + 보어 + (for 의미상 주어) + to V

11. D

해석 우리가 그 분야에서 성공하기 위해서는 우리의 가격이 경쟁적이어야만 한다.
힌트 be(2형식) + 보어

12. B

해석 낸시가 아직도 거기에 서있는 것은 바퀴가 도는 것을 보는 것이 매우 즐겁기 때문이다.
힌트 see(5형식) + 목적어 + 보어

13. A

해석 나는 대니가 개업한 지 겨우 10개월 만에 파업했다는 소식을 들었다.
힌트 go + 부정적인 뉘앙스를 가진 표현

14. C

해석 그는 아버지가 두려워서 집으로 돌아가고 싶지 않았다.
힌트 1인칭과 2인칭 사이에서는 come, 나머지의 경우에는 go를 쓴다.

---

15. B

해석 톰은 전화 중에 메리를 무척이나 화나게 해서 그녀는 작별인사도 안 하고 전화를 다짜고짜 끊어버렸다.
힌트 ① hang - hung - hung(걸다) ② hang - hanged - hanged(교수형에 처하다)

---

16. B

해석 그는 자신의 아들에 의해 뒤가 이어졌다.
힌트 succeed(1형식) to + 사물, succeed(3형식) + 사람

---

17. C

해석 그는 거의 밤새 일하고 나서 새벽 5시경에 곯아 떨어졌다.
힌트 fall asleep 잠이 들다, feel sleepy 졸리다

---

18. A

해석 미국의 법은 담배회사의 TV광고를 금지하고 있다.
힌트 forbid + 목적어 + to V

---

19. C

해석 1616년부터 1619년까지 창궐했던 전염병이 (북미 인디언의 한 부족인) 왕파노아그 족 연합의 많은 인구를 죽임으로써 북미에서 첫 영구적인 유럽인의 정착을 가능하게 했다.
힌트 make + 보어 + 긴 목적어

20. B

해석 일이 끝이 없을 것 같았던 힘든 날이 지나고 매일 오후마다 해럴드는 소파에 누워 한 시간이나 혹은 그 이상 동안 발을 들어 올렸다.
힌트 ① lie - lied - lied 거짓말하다 ② lie - lay - lain 눕다, 놓여있다

---

21. D

해석 우리 브라더는 여배우와 결혼했다.
힌트 marry(3형식) with(**X**)

---

22. C

해석 의사선생님께서 우리는 일 년에 한 차례씩 정밀 건강검진을 받아야 한다고 말씀하셨다.
힌트 explain + to 사람 + that S + V

---

23. C

해석 A: 선물 정말 고마워요. B: 별말씀을요.
힌트 appreciate + 사물

---

24. C

해석 빌은 나한테 빌려준 돈을 달라고 요구했지만 나는 이미 돈을 갚았다. 그 친구가 잊어버린 것이다.
힌트 pay + 대명사 + back

---

25. C

해석 인도 아그라의 타지마할은 3백 년 전에 세워진 이래로 종종 세계에서 가장 아름다운 건축물로 묘사되어왔다.
힌트 describe + 목적어 + as 보어

01. B

해석 그들은 그 우스운 광경을 보고 웃지 않을 수 없었다.
힌트 cannot but + 동사원형

02. D

해석 좋은 사람은 찾기가 어렵다.
힌트 난이도 형용사의 가주어-진주어 구문에서 to 부정사의 목적어 도치

03. B

해석 과식을 하고나서 곧 바로 수영을 할 정도로 어리석은 사람이 돼서는 안 된다.
힌트 know better than + to V

04. D

해석 바바라 정은 1978년에 미국에서 시장으로 선출된 최초의 아시아인이 되었다.
힌트 the first ~ + to V

05. D

해석 엔지니어가 컴퓨터의 사용법을 아는 것이 대단히 중요하다.
힌트 know + 의문사 + to V

06. A

해석 손상된 단기 언어기억 능력과 같은 미묘한 증상이 잔존할 지라도 이런 언어를 구사하는 아이들의 상태를 진단하기란 더 어려울 것이다.
힌트 난이도 형용사의 가주어-진주어 구문에서 to 부정사의 목적어 도치

07. D

해석 셰익스피어가 자신의 비극 중의 몇 편의 저자라 하더라도 모든 그의 비극이 그에 의해서 씌어 진 것은 아닌 것 같다.
힌트 to 부정사의 단순형은 본동사와 시제가 같고, 완료형은 본동사보다 한 시제 앞선다.

08. D

해석 점원은 나에게 그 드레스를 입어보지 말라고 했다.
힌트 not/never + to V

09. D

해석 A: 영어를 공부하려고 생각합니까? B: 네, 그럴 생각입니다.
힌트 intend는 to 부정사를 대신하는 대부정사를 취할 수 있다.

10. A

해석 인간의 갈비뼈는 호흡 중에 폐가 팽창할 수 있는 공간이 생기도록 이동할 수 있다.
힌트 capable + of V-ing

11. D

해석 어떤 순간에도 스스로 긴장했다고 느끼시면 의식적으로 긴장을 풀도록 노력하십시오.
힌트 effort + to V

12. D

해석 교회가 수 십 년간 그 주제에 대해 침묵을 지킨 이후에 잡지사 편집장의 말에 따르면 교회는 과거를 검토하는 수밖에 달리 방도가 없는 것이다.
힌트 have no choice but + to V

01. C

해석 당황한 교수가 술에 취한 상태로 운전을 했다는 혐의에 대해 무죄를 주장했다.
힌트 drive 길; 운동; 노력, driving 운전

02. C

해석 A: 오늘 나랑 야외로 나갈까? B: 별론데요. 솔직히 말하면 오늘은 나가고 싶지 않아요. 정말 피곤하거든요.
A: 참 안됐구나. 무척이나 서운하군요.
힌트 feel like + V-ing, disappointed 실망한, disappointing 실망시키는

03. B

해석 인터뷰의 성공을 위해서 완벽하게 준비하도록 최선을 다 해라.
힌트 success 성공, succession 계승

04. C

해석 우리는 고객들에게 업계에서 가장 뛰어난 품질보증과 수리 A/S를 제공할 능력이 우리에게 있다고 설득할 필요가 있다.
힌트 사람 주어 + need + to V

05. C

해석 이 재킷은 가격만큼의 가치가 없는 것 같다.
힌트 worth + 명사/동명사, worthy + of 명사/동명사

06. A

해석 나는 혼자 사는데 익숙해졌다.
힌트 사람 주어 + be[get] used + to 명사/동명사

07. D

해석 비를 맞으며 여기에 서 있어 봐야 아무 소용이 없다.
힌트 There is not any point + V-ing = There is no point + V-ing

08. C

해석 모든 교사들은 올 가을에 여가시간을 숲에서 편하게 쉬면서 보내게 되기를 학수고대하고 있다.
힌트 look forward + to V-ing

09. A

해석 저는 귀하께서 우리 아들에 대한 소식을 들으셨는지 알고 싶어서 편지를 씁니다.
힌트 with a view + to V-ing

10. A

해석 그녀는 그를 자신의 팀에 합류하도록 설득시키는데 애를 먹었다.
힌트 have a hard time + V-ing

11. D

해석 모든 개개인이 역사에 속해 있다는 사실을 그가 믿지 않았더라면 그의 이야기는 말할 가치도 없었을지 모른다.
힌트 worth + 명사/동명사

12. D

해석 기술적인 문제를 다루는 데 관한 한 그가 적임자이다.
힌트 when it comes + to V-ing

13. B

해석 운동선수가 신체적으로 건강하지 않다면 경기에서 승리를 얻기 위해서 자신을 희생하고, 그 결과로 평생의 불구가 되어 봤자 무슨 의미가 있겠는가?
힌트 동명사의 의미상 주어가 사람일 때에는 소유격을 쓴다.

14. A

해석 구매자들이 계절품목에 더 많은 지출을 함에 따라 그 지역의 총판매량이 6월보다 7월에 10%나 증가했다.
힌트 spend + 목적어 + on 명사

15. A

힌트 be busy + V-ing, favorite는 '가장 좋아하는'이라는 최상급의 뜻으로 best favorite는 틀린 표현

01. D

해석 대부분의 의사들은 예약을 취소해야만 할 때 전화를 해주는 것에 고마워한다.
힌트 appreciate + V-ing

02. C

해석 나는 비가 멈출 때까지 외출하지 않을 것이다.
힌트 It stops raining. 비가 그치다.

03. C

해석 여러분들이 최근에 집을 막 구입하셨거나, 아니면 주택구입자금을 마련하려고 생각하신다면 저희 (은행의) 낮은 이자를 이용해 보시기 바랍니다.
힌트 consider + V-ing

04. C

해석 (역사) 안에 들어가는 것을 피할 수 있다면 많은 역의 수익의 중요한 부분을 차지하고 있는 커피, 담배, 검을 사지 않을 텐데.
힌트 avoid + V-ing, inside 부 안으로

05. B

해석 당신한테서 가능한 한 빨리 소식을 들었으면 고맙겠습니다.
힌트 appreciate + V-ing, hear from ~ ~로부터 소식을 듣다

06. C

해석 위원들은 회장이 자신들에게 모임에 대해 알려주지 않은 것에 대해 분개했다.
힌트 resent + V-ing

07. B

해석 의사선생님께서 저한테 담배를 끊으라고 제안하셨습니다.
힌트 suggest + V-ing

08. A

해석 그 부부는 정기적으로 아이를 돌봐줄 사람을 구해놓고 매주 토요일 밤에 외출하기로 결심했다.
힌트 decide + to V

09. D

해석 A: 저는 이번 휴가 때 뉴욕으로 여행을 갈 거 에요.
B: 야, 부럽습니다. 저는 올해는 그럴 여유가 없는데요.
힌트 can't afford it 그럴 여유가 없다

10. A

해석 저는 지난겨울에 그를 만났던 일이 기억납니다.
힌트 remember + V-ing(과거사실)

11. B

해석 수잔은 내일 자신의 시스터에게 전화하는 것을 잊어버리고 있습니다.
힌트 remember + to V(미래사실)

12. C

해석 훌륭한 비행기 승무원이 된다는 것은 여러분의 승객들을 편안하게 느끼도록 만들어주는 것을 의미하는 것입니다.
힌트 mean + V-ing ~을 의미하다

01. B

해석 이 분야에서는 과거의 인간의 삶을 알기위해서 유물을 발굴해서 연대를 파악하고 분류하고 분석하는 많은 고도로 정교한 방법들이 계발되었다.

힌트 sophisticated 정교한, 세련된

---

02. A

해석 폴은 곧 작은 인쇄회사를 사들이는데 관심을 가지고 있다.

힌트 be interested in ~ ~에 관심이 있다

---

03. B

해석 그는 생일카드를 미리 써놨지만 어머니의 생신이 지날 때까지도 부치는 것을 잊어버렸다.

힌트 생일카드를 미리 써놨기 때문에 한 시제 앞서는 having written이 맞다.

---

04. D

해석 톰은 닥터 리한테서 마취제를 투여 받고는 이를 빼는 동안 전혀 고통을 느끼지 못했다고 말했다.

힌트 5형식에서는 목적어와 보어 간의 관계를 따진다.

---

05. C

해석 나는 눈을 감고 조용히 문 쪽으로 걸어갔다.

힌트 전치사 with가 붙는 특수형태 분사구문에서는 의미상 주어와 관계를 따진다.

---

06. B

해석 톰은 여행 때문에 무척이나 피곤했지만 대부분의 사람들은 여행이 조금도 피곤하게 한다고 생각하지 않았다.

힌트 2형식에서는 주어와 관계를 따진다.

---

07. D

해석 우리 대부분은 지도자의 위치에 있고 싶으냐하는 질문을 받았을 때 그렇다고 대답할 것이다.

힌트 분사구문에서는 주절의 주어와 관계를 따진다.

---

08. A

해석 화려한 의상을 입은 원주민과 이상한 건축물은 여행자들을 지금 새로운 세상에 와있다고 느끼게 만들었다.

힌트 분사를 수식할 때는 부사를 쓴다.

---

09. C

해석 이봐, 리사야. 저 사람이 저렇게 나를 감시하고 있는데 어떻게 내 마음이 편할 수 있겠니?

힌트 전치사 with가 붙는 특수형태 분사구문에서는 의미상 주어의 격이 목적격이다.

---

10. C

해석 집으로 돌아왔을 때 시계가 사라진 것을 알게 되었다.

힌트 분사구문의 생략된 의미상 주어는 주절의 주어와 일치한다. missing 분실된; 실종된

---

11. D

해석 서커스단의 코끼리들이 재밌는 묘기를 보여주었다.

힌트 분사가 명사를 수식할 때에는 수식을 받는 명사와 관계를 따진다.

---

12. B

해석 상업은행들은 주식과 채권을 대출해주거나 투자함으로써 얻어진 이자로부터 대부분의 수익을 올린다.

힌트 분사가 명사 interest를 수식하므로 interest와 관계를 따진다.

13. B

해석 ⓐ 그녀는 정말 빨리 배웠다. 놀라울만한 발전을 보여 주었다. ⓑ 내 직업은 나를 실망하게 만든다. ⓒ 강의는 지루했다. 나는 잠에 빠졌다. ⓓ 네가 다른 사람들한테 돈을 달라고 요구할 때 종종 당황스럽다.

힌트 ⓐ 분사가 명사 progress를 수식하므로 progress와 관계를 따진다. ⓑ 5형식이므로 목적어인 me와 관계를 따진다. ⓒ 2형식이므로 주어인 lecture와 관계를 따진다. ⓓ 2형식이므로 주어와 관계를 따지는데, it은 아무런 뜻이 없는 가주어이므로 진주어인 when-절과 관계를 따진다.

---

14. A

해석 미스터 리는 일본과 미국에서 교육을 받은 후에 자신의 부친이 돌아가시고 나서 회사를 물려받았다.

힌트 분사구문이므로 주절의 주어인 Mr. Lee와 관계를 따진다.

---

15. C

해석 액화헬륨이 정상에서 초유동체의 단계로 전이하는 과정을 겪을 때 어떠한 결함이 생기게 된다.

힌트 분사구문에서는 접속사와 의미상 주어를 같이 쓸 수 없다.

---

chapter 6. 관계사 예제

01. D

해석 ⓐ 나에게는 내가 자랐던 집을 찍은 사진이 한 장 있다. ⓑ 내가 태어났던 도시에는 공원이 많이 있다. ⓒ 나는 여러 나라의 제품을 발견할 수 있는 상점에서 쇼핑하는 것을 좋아한다. ⓓ 그녀는 지난 일요일에 봤던 아파트를 임대하고 싶어 한다.

힌트 관계부사 where가 이끄는 절은 완전해야 한다.

---

02. B

해석 필요한 것이라고는 지속적인 연료유의 공급뿐이다.

힌트 선행사가 대명사 all일 때에는 that만 쓴다.

---

03. A

해석 부모님께서 나를 현재 내 모습으로 만들어 주셨다.

힌트 what I am 현재 내 모습

---

04. B

해석 해안순찰대가 실종된 생물학자로 믿어지는 사람의 시체를 발견했다.

힌트 관계절에서 목적어가 없을 때에는 목적격 관계대명사를 쓴다.

---

05. D

해석 적으나마 수중에 제가 가진 돈을 기꺼이 다 드리겠습니다.

힌트 what little 적지만 있는 만큼의

---

06. C

해석 그는 30분이나 늦게 왔는데, 그것이 우리를 무척이나 화나게 했다.

힌트 절 전체가 선행사가 될 때는 which를 쓴다.

---

07. A

해석 델라웨어 인디언들은 유럽인이 도착하기 오래 전에 오늘날 필라델피아 있는 곳에 살았었다.

힌트 what is now ~ 지금 ~가 있는 곳

---

08. A

해석 김 씨는 친절해 보이는 사람들 중의 하나이지만 그 사람과 거래하기가 매우 어렵다.

힌트 선행사가 one of + 한정사 + 복수명사일 때 관계절의 동사는 복수로 일치가 된다.

09. C

해석 나는 80명한테 초대장을 보냈지만 그 중에서 20명만 이 답장을 보내왔다.

힌트 '~명 중에서'라고 할 때에는 of whom을 쓴다.

---

10. D

해석 대박을 터뜨린 사람도 얼마나 큰 대박을 터뜨렸던 간에 돈을 지나치게 써버리고 현명하게 투자하지 않는다면 언제든 돈을 잃게 될 위험이 존재하는 것이다.

힌트 however [no matter how] + 형용사/부사 + S + V

---

11. A

해석 인간의 언어에서 일어나는 모든 소리는 음성기호에 의해서 나타낼 수 있다.

힌트 관계대명사 what 앞에는 선행사가 올 수 없다.

---

12. A

해석 안젤리나는 두 달 전에 잃어버린 목걸이와 같은 목걸이를 사려고 하고 있다.

힌트 동일한 물건일 때에는 the same ~ that을 쓰고, 종류만 같을 때에는 the same ~ as를 쓴다.

---

13. D

해석 정상이 눈에 덮인 산을 보아라.

힌트 관계대명사 앞에 명사가 두 개 올 때에는 of + 관계대명사를 쓴다. '~의 정상'으로 해석되는 문맥이므로 소유격 whose가 맞다.

---

14. B

해석 이것은 내 믿음에는 키츠보다 더 위대한 시인의 시이다.

힌트 I believe는 관계절에 삽입된 표현이므로 무시하고 관계대명사의 격을 결정한다.

---

15. but

해석 죽지 않는 생명체는 없다.

힌트 that ~ not = but

---

16. D

해석 그는 잃어버린 개를 찾아주는 사람이라면 누구에게든 주겠다는 보상에 대한 최종적인 지시를 기다렸다.

힌트 복합관계대명사의 격은 바로 앞에 있는 전치사와는 무관하게 관계절의 구조에 의해 결정된다.

---

17. A

해석 지갑을 잃어버린 사람들은 안내소에 신고할 수 있다.

힌트 관계절에 주어가 없으므로 관계대명사의 격은 주격이 된다.

---

18. B

해석 모니카 그랜트는 펜실베이니아에 있는 작은 대학에 갔는데, 그것은 그 지역에서 상위권에 드는 학교는 아니었다.

힌트 관계대명사 that 앞에는 comma가 못 온다.

---

19. C

해석 컴퓨터가 사진렌즈가 제작되는 방식에 엄청난 영향을 끼쳤다.

힌트 the way와 how는 같이 쓰이지 못한다.

---

20. B

해석 식탁예절에 대해 어렸을 때부터 워낙 귀에 못이 박힐 정도로 들었기 때문에 나중에 우리가 어른이 되었을 때 식탁예절에 대한 규범을 기억해내야 할 필요는 거의 없을 것이다.

힌트 be based upon [on]에서 전치사 upon [on] 이 관계대명사 앞으로 도치되어야 한다.

01. D

해석 그는 다음 주 일요일분 예약을 이미 했지, 그렇지?
힌트 He's made는 He has made의 축약형이므로 부가의문문에서 조동사 has를 쓴다.

02. A

해석 경제성장을 정말로 촉진하는 것은 사후세계, 특히 지옥을 믿느냐 하는 여부에 달려있다.
힌트 의문대명사 which는 '~중에서 어떤 것'이라는 선택의 뜻을 나타낸다.

03. C

해석 그는 아무리 어리다 하더라도 아버지보다 더 뛰어난 센스를 가지고 있었다.
힌트 양보절에서 주격보어가 도치될 때 관사가 탈락된다.

04. D

해석 투자자들이 국가들 사이에서 기금을 옮김에 따라 경제 붐을 조장하기도 하고 파산을 조장하기도 한다.
힌트 comma가 찍혀있으므로 부사절을 이끄는 접속사가 들어가야 한다.

05. B

해석 윌슨 여사는 그들이 컴퓨터를 다 쓰고 어디에다 두었는지 모르고 있다.
힌트 의문사절은 도치가 되지 않고, 주절의 주어와 의문사절의 주어가 같을 때에만 의문사절을 to 부정사로 축약할 수 있다.

06. D

해석 내가 미국에 안 간 이유는 새 직장을 구했기 때문이었다.
힌트 The reason ~ is that S + V ~한 것은 ~ 때문이다

07. A

해석 대학 교육비가 지난 몇 년 간에 매우 빠르게 증가해서 이제는 많은 사람들에게는 능력에 부친다.
힌트 뒤에 that-절이 나왔으므로 so를 써야 한다.

08. D

해석 경제체제 내에서 구매력이 충분하도록 하기 위해서는 생산직 노동자들의 임금이 너무 낮게 떨어지도록 내버려둘 수 없다는 것이다.
힌트 뒤에 동사원형 be가 왔으므로 lest를 써야 한다.

09. D

해석 나는 정말 존이 왜 시험에 떨어졌는지 의아스럽다.
힌트 wonder와 같이 불확실성을 나타내는 표현은 의문사절을 취한다.

10. E

해석 광고는 광고주가 전달하려는 메시지에 대해 돈을 지불한다는 점에서 볼 때 다른 종류의 의사소통과는 다르다.
힌트 문맥상 '~라는 점에서 볼 때'라는 뜻의 in that이 들어가야 한다.

11. A

해석 그 원고가 아무리 헷갈리다 하더라도 학자들은 그 원고를 굉장한 발견이라고 생각했다.
힌트 주격보어가 도치된 양보절에서는 접속사 as와 though만 써야 한다.

12. B

해석 휴대폰이 더욱더 보급됨에 따라 지각도 역시 또한 그렇게 되었다.
힌트 so 뒤에 절이 오는데, 도치될 수 있다. 동사는 앞에 나온 절의 동사에 맞춰준다.

13. C

해석 복숭아가 freestone(씨를 발라내기 쉬운 과일)으로 분류되느냐, 아니면 clingstone(씨를 발라내기 어려운 과일)로 분류되느냐 하는 것은 얼마나 씨를 발라내기가 어렵냐 하는 것에 달려있다.

힌트 동사 depends 앞의 절이 주어가 되어야 하므로 명사절을 이끄는 접속사가 들어가야 한다.

14. C

해석 돌고래의 행동에 대해 말했던 것의 많은 부분이 플로리다에 있는 씨 월드에서 봤던 것이다.

힌트 전치사 of 뒤에 의문사 what이 이끄는 의문사절이 들어가는데, what은 의문대명사이므로 불완전을 이끈다.

15. C

해석 루스벨트 여사는 우아한 퍼스트 레이디였을 뿐만 아니라 미국의 유능한 친선대사였다.

힌트 앞에 not only가 나왔으므로 but also를 써야 한다.

16. B

해석 ⓐ 이 편지는 수잔한테 온 건데, 혹시 그녀를 만나게 되면 전해줄 수 있겠니? ⓑ 비만 안 오면 나는 내일 테니스를 치고 있을 거야. ⓒ 시험을 보려면 4월 3일까지 등록해야 돼. ⓓ 잃어버릴 것에 대비해서 가방에 이름과 주소를 써라.

힌트 ⓐ in case는 '~에 대비하여'란 뜻이다. ⓑ providing은 '만약 ~라면'이란 뜻이다. ⓒ until은 시간의 계속을 나타낸다. ⓓ if는 '만약 ~하면'의 뜻이다.

17. A

해석 애나 윈로크가 하버드 대학의 천문관측소에 들어갔던 것은 바로 1875년이었다.

힌트 강조구문에서 부사를 강조할 때에는 접속사 that만 쓴다.

18. D

해석 존은 해외에서 일하고 싶기 때문이 아니라 평소에 무조건 예라고 대답하는 사람이었기 때문에 해달라는 요구를 받으면 그 일을 수락할 것이다.

힌트 앞에 not이 왔으므로 but을 써야 한다.

19. A

해석 현제도에 어떤 장점이 있든 그 프로그램은 그렇게 큰 조직 안에서는 쓸모가 없다.

힌트 comma가 찍혀있으므로 명사절이 아니라 부사절을 이끄는 접속사가 필요하다

20. B

해석 내가 동아시아를 여행하기 전에는 일본, 중국 그리고 한국의 예술이 그토록 아름다운지 전혀 몰랐었다.

힌트 명사 notion과 동격관계를 이루는 that-절이 나와야 한다.

01. A

해석 그녀가 대표로 선출된 이후로 많은 발전이 있어 왔다.

힌트 '~이후로'란 뜻의 since에서는 since-절은 과거 시제, 주절은 현재완료 시제를 취한다. 유도부사 there가 나오면 동사는 뒤의 명사와 수가 일치된다.

02. B

해석 리차드가 내일 올 때 수잔과 케빈은 점심을 먹고 있을 것이다.

힌트 시간 부사절에서는 현재 시제로 미래를 나타낸다.

03. B

해석 그 병원은 몇 년 전에 심장 이식 수술 분야로 인정을 받았다.

힌트 시간부사 ~ ago가 나오면 과거 시제를 쓴다. '인정을 받았다'고 했으므로 수동태를 취해야 한다.

04. A

해석 그녀가 6시까지 이곳에 도착하면 나는 그녀를 몰에 데려갈 것이다.

힌트 조건 부사절에서는 현재 시제로 미래를 나타낸다.

05. B

해석 내 선원들과 내가 3년 동안이나 알래스카에 머물러왔지만 우리는 길고 어두운 겨울에 아직도 익숙하지가 않다.

힌트 three years와 같은 시간명사 앞에는 전치사 for가 붙는다.

06. D

해석 전 대통령은 어젯밤에 죽기 전에 수 년 동안이나 암으로 투병해 왔다.

힌트 시간부사 for years 때문에 완료시제를 써야 하는데, before he died last night라고 했으므로 과거완료 시제가 맞다.

07. C

해석 팬 투표 방법이 1934년에 개정된 이후로 중요하고 종종 논란을 일으키는 역할을 해 왔다.

힌트 시간부사 in 1934 때문에 과거 시제를 써야 한다. '방법이 개정되었다'고 했으므로 수동태를 취해야 한다.

08. A

해석 김 교수님은 순미에게 졸업 이후에 무엇을 해 왔는지 물어보셨다.

힌트 그전 시점인 졸업 이후부터 물어본 과거 시점까지 해당되는 내용이므로 과거완료 시제가 맞다.

09. D

해석 이것이 끝나자마자 밴드는 애국가를 연주하기 시작했다.

힌트 앞에 no sooner가 나왔으므로 than을 써야 한다.

10. C

해석 그 병원은 몇 년 전에 심장 이식 수술 분야로 인정을 받았다.

힌트 시간부사 ~ ago가 나오면 과거 시제를 쓴다. '인정을 받았다'고 했으므로 수동태를 취해야 한다.

11. D

해석 그녀는 자신이 2주 전에 그 범죄를 저질렀다고 그저께 팀에게 고백했다.

힌트 고백한 과거 시점을 기준으로 2주 전에 범죄를 저지른 것이므로 before가 맞다.

12. B

해석 ⒜ 나는 발로 땅을 비비고 있다. ⒝ 내 방은 가로 6피트 세로 5피트의 크기이다. ⒞ 서울행 기차가 2번 홈으로 들어오고 있다. ⒟ 메리는 점점 더 자신의 엄마를 닮아가고 있다.

힌트 ⒜ feel은 '비비다'라는 동작의 뜻이다. ⒝ measure는 '크기가 ~이다'라는 상태의 뜻이다. ⒞ arrive는 '도착하다'라는 동작의 뜻이다. ⒟ resemble은 '닮아가다'라는 동작의 뜻이다.

13. B

해석 1957년 첫 소련의 위성의 출현은 미국에서 거의 10년 동안이나 지속되었던 패닉 상태를 초래했다.

힌트 시간부사 in 1957 때문에 과거 시제를 써야 한다.

14. C

해석 우리 이웃의 모든 아이들은 어젯밤에 서커스를 보러 갔었기 때문에 오늘 아침에 일찍 일어나지 못했다.

힌트 시간부사 last night 때문에 과거 시제를 써야 한다.

15. C

해석 줄리아는 언어 능력이 매우 뛰어나다. 그래서 4개 국어를 매우 잘 구사한다.

힌트 '4개 국어를 구사한다.'는 것은 일반적 사실이다.

01. C

해석 우리가 분열될 때에는 강력한 도전에 맞서려고 하지 않고 산산이 쪼개져 버릴 것이기 때문에 우리가 할 수 있는 일은 거의 없을 것이다.

힌트 dare는 not과 to 중에서 하나만 취한다.

02. B

해석 데이비드는 오늘 밤 파티를 위해서 케이크를 구울 수 있다.

힌트 뒤에 동사원형이 왔으므로 법조동사를 써야 한다.

03. B

해석 그는 가고 싶지 않다고 말했다.

힌트 부정을 할 때 would rather 바로 뒤에 부정어를 쓴다.

04. B

해석 미국의 많은 교육기관들은 학생들이 졸업을 하기 위해서는 어느 정도 많은 시간을 교실 시간 외에 사회봉사에 할애해야 한다고 믿고 있다.

힌트 should는 법조동사이므로 동사원형을 취한다.

05. D

해석 내가 그 책을 읽었던 것 같긴 한데, 정말 읽었는지는 잘 기억나지 않는다.

힌트 문맥상 과거 사실에 대한 추측을 나타내는 법조동사의 현재 시제 + have p.p.를 써야 한다.

06. E

해석 사라의 딸은 손이 문틈에 끼었을 때 틀림없이 무척 아팠겠지만 울지는 않았다.

힌트 동사 hurt의 변화형은 hurt - hurt - hurt이다.

07. C

해석 네가 어제 역에서 존을 봤다고 말하지만, 어제 하루 종일 우리 집에서 나와 같이 있었기 때문에 네가 본 사람은 존일 리가 없다.

힌트 문맥상 '~일 리가 없다'란 뜻의 can't가 들어가야 한다.

08. B

해석 너는 한 시간 전에 왔어야만 했는데. 왜 늦었니?

힌트 문맥상 과거 사실에 대한 유감을 나타내는 법조동사의 과거 시제 + have p.p.를 써야 한다.

09. A

해석 땅 위의 많은 물을 봐라. 어젯밤에 틀림없이 비가 억수로 왔을 것이다.

힌트 문맥상 과거 사실에 대한 확신을 나타내는 법조동사의 현재 시제 + have p.p.를 써야 한다.

10. C

해석 캐롤이 손님들에게 도로가 범람할지 모른다는 사실에 대해 경고하지 않았더라면 그들은 귀가 길에 어려움에 부딪혔을 지도 모른다.

힌트 동사 run의 변화형은 run - ran - run이다.

11. A

해석 Ⓐ 그녀가 그렇게 말하지 말았어야 했는데. Ⓑ 나는 지금 기분이 괜찮다. Ⓒ 아무것도 결과를 바꿀 수 없었을 지도 모른다. Ⓓ 우리는 지금 돌아가야만 한다.

힌트 부정을 할 때 ought와 to 사이에 부정어를 쓴다.

12. B

해석 너는 더 큰 문제를 일으키기 전에 지금 떠나야 한다.

힌트 had better는 법조동사이므로 동사원형을 취한다.

01. B

해석 그 불쌍한 아이는 싫은데도 무대 위에서 피아노를 연주하도록 강요받았다.
힌트 사역동사가 수동태로 바뀔 때에는 동사원형이 아니라 to 부정사를 취한다.

---

02. B

해석 우리 시스터는 남자 친구한테서 선물을 받았다.
힌트 뒤에 전치사 by가 왔으므로 수동태를 써야 한다.

---

03. A

해석 식탁에서는 상대방이 먼저 말을 걸어올 때까지는 말을 하지 않는 것이 예의바른 행동이다(즉, 가급적 말을 삼가는 것이 좋다).
힌트 문맥상 주어인 you가 말을 건 주체가 아니라 객체(혹은 대상)이므로 수동태를 취해야 한다.

---

04. D

해석 우리는 8장을 다 읽어야만 한다.
힌트 be supposed to V ~해야 한다

---

05. B

해석 그는 다른 사람의 눈에 띄지 않고 방에 들어갔다.
힌트 뒤에 전치사 by가 왔으므로 수동태를 써야 하는데, notice는 지각동사로 수동태로 바뀔 때 동사원형은 취하지 못한다.

---

06. C

해석 원시인들은 생존 수단, 즉 자신과 자식들을 위한 식량을 확보하는데 몰두했기 때문에 자연의 경이로움을 거의 의식하지 못했다.
힌트 be absorbed in ~ ~에 몰두하다

---

07. C

해석 Ⓐ 그는 베트남 전쟁에서 죽었다. Ⓑ 윌리엄은 짧게 줄여 빌이라고 불리어진다. Ⓒ 존은 아버지를 닮았다. Ⓓ 이 침대에는 잠을 흔적이 없었다.
힌트 Ⓐ kill은 3형식 동사이므로 수동태가 가능하다.
Ⓑ call은 5형식 동사이므로 수동태가 가능하다.
Ⓒ resemble은 3형식 동사이지만 수동태가 불가능하다.
Ⓓ sleep in은 1형식 동사이지만 수동태가 가능하다.

---

08. A

해석 태양계 안의 모든 행성 중에서 수성과 금성에는 전혀 자연적인 위성이 없다고 말할 수 있다.
힌트 be told는 가주어(it)-진주어(that) 구문을 취하지 못한다. 그러나 be said는 가능하다.

---

09. B

해석 어떤 영화감독들은 어떻게 만들어지느냐 하는 것보다 보여지고 있는 것에 더 관심을 갖는다.
힌트 be concerned with ~ ~에 관심이 있다

---

10. C

해석 토마스 내스트는 주로 정치 만화가로 알려졌다.
힌트 be known as ~ ~로(서) 알려지다

---

01. C

해석 아이를 돌봐줄 사람이 없었더라면 그들은 어젯밤에 록 콘서트를 보러갈 수 없었을 지도 모른다.
힌트 주절에 would have been이 나왔으므로 가정법 과거완료이다.

---

02. E

해석 어젯밤에 너랑 같이 갈 수 있었더라면 좋았을 텐데.

힌트 시간부사 last night이 나왔으므로 가정법 과거완료를 써야 한다.

---

03. B

해석 대학원생들은 자신의 전공분야에서 평균평점 B를 유지하는 것이 필수적이다.

힌트 형용사 imperative가 나왔으므로 should + 동사원형이나 동사원형을 써야 한다.

---

04. A

해석 한국이 과거에 가난한 사람들을 위해 집을 더 많이 지었더라면 오늘날 일부 지역의 주택문제는 그렇게 까지 심각하지 않았을 텐데.

힌트 조건절에는 시간부사 in the past가 나왔으므로 가정법 과거완료를 써야 되고, 주절에는 시간부사 now가 나왔으므로 가정법 과거를 써야 한다.

---

05. B

해석 보통의 가정주부가 공개적으로 무시를 당하면 격렬하게 저항할 지도 모른다.

힌트 조건절에 were가 나왔으므로 가정법 과거이다.

---

06. A

해석 매니저가 모든 직원들에게 다음 주 금요일 밤으로 다가 온 자선파티에 참석해야 한다고 주장했다.

힌트 동사 insist가 나왔으므로 should + 동사원형이나 동사원형을 써야 한다.

---

07. A

해석 누군가가 당신에게 베어 카운티에서 가장 분주한 존재가 누구냐고 묻는다면 그것은 바로 벌이라고 대답할 지도 모르겠다.

힌트 가정법 미래에서는 were to를 쓴다.

---

08. Without

해석 당신의 도움이 없었더라면 저는 그 사업을 실패했을지도 모르겠습니다.

힌트 if it had not been for는 but for나 without과 같은 표현이다.

---

09. C

해석 선생님께서 그 학생에게 가급적이면 빨리 논문 작성을 끝내도록 권고했다.

힌트 동사 recommend가 나왔으므로 should + 동사원형이나 동사원형을 써야 한다.

---

10. C

해석 이제는 바야흐로 그녀는 그 이유가 무엇인지를 찾아야만 할 때이다.

힌트 가정법 과거나 should + 동사원형을 써야 한다.

---

11. D

해석 그가 공부를 더 많이 했더라면 그 시험에 합격할 수 있었을 텐데.

힌트 주절에 would have been이 나왔으므로 가정법 과거완료이다. 그리고 조건절은 도치될 수 있다.

---

12. B

해석 난 네가 자고 있는지 몰랐어. 그렇지 않았더라면 들어갈 때 그렇게 큰 소리를 내지 않았을 텐데.

힌트 otherwise 앞에 직설법 과거가 왔으므로 가정법 과거완료를 써야 한다.

---

13. A

해석 많은 학생 기구는 학생들이 문자 등급 성적 코스나 합격-불합격만을 판정하는 코스 중에서 선택하도록 허용되어야 한다고 제안했다.

힌트 명사 proposal이 나왔으므로 should + 동사원형이나 동사원형을 써야 한다.

14. D

해석 지배인을 만나게 되면 제가 호텔라운지에서 기다리고 있겠다고 전해주십시오.

힌트 주절에 명령문이 왔으므로 조건절에 should를 써야 한다. 그리고 조건절은 도치될 수 있다.

15. B

해석 솔직히 말씀드리면 저는 빈털터리입니다. 어제 돈을 너무 많이 쓰지 않았더라면 지금 저한테 돈이 많이 남아있을 텐데요.

힌트 주절에는 시간부사 now가 나왔으므로 가정법 과거를 써야 되고, 조건절에는 시간부사 yesterday가 나왔으므로 가정법 과거완료를 써야 한다.

16. A

해석 그는 또한 민간 부문이 자발적으로 그런 어떤 행동도 자제하도록 요구했다.

힌트 동사 request가 나왔으므로 should + 동사원형이나 동사원형을 써야 한다.

17. D

해석 그는 이미 40살이 넘었어. 그래서 이제는 바야흐로 결혼해서 정착을 해야 할 때지.

힌트 가정법 과거나 should + 동사원형을 써야 한다. 그리고 등위접속사 and가 나왔으므로 병치구문을 이룬다.

18. C

해석 너의 도움이 없었더라면 나는 실패했을 지도 몰라.

힌트 주절에 should have failed가 나왔으므로 가정법 과거완료이다.

19. A

해석 선생님께서 학생들에게 수학여행 기행문을 쓰도록 제안했다.

힌트 동사 move가 나왔으므로 should + 동사원형이나 동사원형을 써야 한다.

20. C

해석 집으로 가는 길에 옛 친구를 만나지 않았더라면 숙제를 더 일찍 끝냈을 텐데.

힌트 but (that)은 직설법을 취한다.

chapter 12. 명사와 관사 예제

01. D

해석 태어날 때 갓난아이는 놀라울 정도로 많은 기계적인 반응을 보인다.

힌트 ~ number of 뒤에는 복수명사가 온다.

02. B

해석 일반적으로 임시직 직원들은 시급을 받는다.

힌트 by the hour는 '시간당으로'란 뜻이다.

03. D

해석 태어날 때 갓난아이의 머리는 몸의 나머지 부분에 비해서 대단히 크다.

힌트 명사 rest가 '나머지'란 뜻일 때에는 the가 붙는다.

04. C

해석 나는 최근 교통사고 소식을 별로 듣지 못했다.

힌트 news는 불가산명사이다. 그리고 some은 부정문에 쓰이지 못한다.

05. A

해석 지구의 육지 표면 중의 대략 3분의 1이 비교적 평평한 평야로 덮여 있다.

힌트 분수는 〈기수 + 서수〉의 형식을 취한다.

06. C

해석 미국 어디에서든 3분 통화는 여러분이 직접 걸어보면 1달러도 채 들지 않는다.

힌트 call은 '통화'란 뜻이고, calling은 '천직'이란 뜻이다. 원래는 three minutes가 맞지만 명사를 수식할 때에는 three-minute라고 한다.

---

07. C

해석 랠프는 캠핑 여행 도중에 번개에 맞아 시립병원 중환자 병동에 입원해 있다.

힌트 lightning은 불가산명사이다.

---

08. A

해석 어떤 혈액형은 꽤 흔하고, 다른 혈액형은 지역적으로만 분포하며, 또 다른 혈액형은 어디에서나 드물다.

힌트 '혈액형'은 blood type이라고 한다.

---

09. A

해석 그는 우리 아버지에 관한 책을 쓰신 분이다.

힌트 절이 두 개이기 때문에 관계사와 같은 접속사가 들어가야 한다. 그런데 관계절에 주어 자리가 비어있으므로 주격 관계대명사를 써야 한다. 그리고 관계절이 선행사를 한정하기 때문에 the를 붙여야 한다.

---

10. D

해석 나는 뇌성마비를 가지고 태어나지 않았더라면 하고 바라는 때가 있다. 그러나 그것 때문에 우는 것은 나에게 전혀 도움이 되지 않았을 것이다.

힌트 do ~ good은 '~에게 도움을 주다'란 뜻이다.

---

11. A

해석 그들은 그에게 생활하기에 충분하지 않을 정도의 적은 돈을 주었기 때문에 공부를 하면서 일을 해야만 했다.

힌트 money는 불가산명사이다. 그리고 문맥상 긍정의 뜻이기 때문에 a를 붙여야 한다.

---

12. A

해석 아프리카와 아시아에서는 갓난아이 중의 5%가 한 살이 되기 전에 사망한다.

힌트 percent는 불가산명사이다.

---

13. A

해석 19세기 교육자인 캐서린 비처는 여성 참정권에 반대했다 하더라도 여성을 위한 민주교육을 발전시켰다.

힌트 '19세기'는 nineteenth century라고 한다.

---

14. C

해석 천문학은 별과 행성에 관한 과학이다.

힌트 뒤의 전치사구가 한정해주기 때문에 the를 붙여야 한다.

---

15. B

해석 경제침체 때문에 전 보다 올 해에는 휴가기간 동안에 해외로 나가는 사람들이 더 줄고 있다.

힌트 people은 복수명사이기 때문에 양을 나타내는 less(little의 비교급)를 쓰면 안 된다.

---

16. C

해석 제임스는 항상 자신을 실패자로 여겨왔다.

힌트 failure는 '실패'란 뜻이고, a failure는 '실패자'란 뜻이다.

---

17. D

해석 폴의 고모는 자신이 늦으면 폴이 적어도 30분간을 공항에서 기다려야 한다고 말했다.

힌트 명사 hour 앞에는 an이 붙는다.

---

18. C

해석 너무나 실망스럽게도 지난주에 회의에 참석한 사람은 극히 적었다.

힌트 people은 복수명사이기 때문에 수를 나타내는 few를 써야 하고, only 뒤에는 항상 a가 온다.

19. D

해석 인간에게는 기본적인 세 종류의 근육이 있다고 믿어진다.

힌트 앞에 three가 왔으므로 복수명사를 써야 한다.

---

20. A

해석 나는 하루 동안에 500쪽 분량의 책을 읽을 수 있다.

힌트 원래는 five hundred pages가 맞지만 명사를 수식할 때에는 five hundred page라고 한다.

---

21. C

해석 고체화 될 때 수축하는 대부분의 액체들과 다르게 물은 얼 때 9% 정도 팽창한다.

힌트 percentage 앞에는 수사가 못 온다.

---

22. A

해석 이런 종류의 신발은 비싸 보이지만 비교적 관리하기가 쉽다.

힌트 명사 kind는 뒤의 명사와 수가 일치되어야 한다.

---

23. B

해석 내 고향에서는 대부분의 교사들이 충분한 수입을 벌기 위해서 두 학교에서 가르쳐야만 한다.

힌트 most of 뒤에 the가 온다.

---

24. A

해석 결혼을 하는 것이 반드시 그 이후에 행복해지는 것을 의미하는 것은 아니라고 믿는 사람들이 많다.

힌트 many a ~는 단수 취급이다.

---

25. C

해석 그 책은 온라인으로 독학을 하고 온라인으로 수 백 명의 다른 교원들을 교육시킨 두 작가의 독특한 관점에 의해 씌어졌다.

힌트 '수백의 ~'라고 할 때에는 hundreds of ~로 표현한다.

---

01. D

해석 ⒜ 존은 자신의 딸에게 그 사람을 존경하겠다고 약속했다. ⒝ 존은 자신의 딸에게 자신을 존중하겠다고 약속했다. ⒞ 존은 자신의 딸로 하여금 그 사람을 존경하도록 설득했다.

힌트 ⒜⒝ promise의 주어도 John이고, respect의 주어도 John이다. ⒞⒟ persuade의 주어는 John인데, respect의 주어는 his daughter이다.

---

02. D

해석 영어영문학과의 입학을 신청했던 두 지원자 중의 아무도 장학금을 받을 자격이 못 되었다.

힌트 neither는 단수 취급이다.

---

03. D

해석 의사소통의 목적은 여러분의 생각을 타인에게 이해시키는 것이다.

힌트 make oneself understood 자신을 남에게 이해시키다

---

04. C

해석 결혼식과 바라던 자리를 얻는 것은 (육체적인) 성장의 증거가 될 수는 있지만, 그 중의 어느 것도 (정신적인) 성숙을 보장해 주지는 못한다.

힌트 none은 3이상을 가리킨다. 둘을 가리킬 때에는 neither를 쓴다.

---

05. D

해석 다른 기술자들은 자신의 독특한 해결책을 제시했다.

힌트 뒤에 복수명사가 왔으므로 every와 either는 안 된다. 긍정문에 any를 쓰면 '어떤 ~든지'의 뜻이 된다.

---

06. D

해석 저한테는 아이가 둘 있는데요, 그 중의 하나는 철수이고, 나머지 하나는 영준입니다.

힌트 two가 나오면 one ~ the other ~를 쓴다.

07. A

해석 그 클럽은 여름 동안에 자연에 관심이 있는 사람들에게 매주 자전거와 하루 밤의 캠핑을 제공한다.

힌트 them 뒤에 who are가 생략되어있기 때문에 them은 선행사가 된다. 그런데 them은 선행사로 쓰일 수 없다.

08. D

해석 모든 물체는 많은 입자들로 구성되어 있으며, 인력이 그들 각각을 끌어당긴다.

힌트 every는 형용사로만 쓰이기 때문에 뒤에 of가 못 온다.

09. D

해석 나한테는 좋은 책꽂이가 한 개도 없어. 한 개만 만들어 달라고 할 거야.

힌트 부정관사가 붙은 명사를 받을 때에는 대명사 one을 쓴다.

10. D

해석 모든 유권자에게는 자신이 선택한 후보를 지지할 수 있는 권리가 있다.

힌트 every는 단수 취급이다.

11. D

해석 성적인 기호에 관한 가장 흔한 가정은 사람들이 각각의 성이 가진 아름다움에 에로틱하게 반응할 수 있다는 것인 것 같다.

힌트 either는 단수명사를 취한다.

12. C

해석 우리가 영화 시작 부분을 못 봤을까? 그런 것 같은데.

힌트 so나 not은 절을 대신하는 역할을 하는데, 문맥상 so가 맞다.

13. C

해석 나는 역시 매우 아픈 어떤 다른 남자아이와 함께 즉시 작은 방에 넣어졌다.

힌트 another는 단수명사를 취하고, other는 복수명사를 취한다.

14. A

해석 한 나라의 도량형은 항상 다른 나라와 같은 것은 아니다.

힌트 뒤에 전치사구가 올 때에는 대명사 that이나 those를 쓴다.

15. D

해석 체내의 아세톤은 금식이나 당뇨와 같은 비정상적인 상황에서 증가한다.

힌트 예를 들 때에는 such as나 like를 쓴다.

16. C

해석 나 같으면 옛날에 그녀의 편지를 네가 보도록 하지는 않았을 텐데.

힌트 of 뒤에는 소유대명사가 와서 이중소유격이 된다.

17. B

해석 버스는 여기에 30분에 한 번씩 온다.

힌트 every 30 minutes는 '30분에 한 번씩'이란 뜻이다.

18. D

해석 조심해. 그렇지 않으면 다칠 거야.

힌트 주어와 목적어가 같을 때에는 목적어 자리에 재귀대명사를 써준다.

19. A

해석 세 지원자 중에 아무도 이 직책에 맞는 조건을 충족시키지 못해. 그래서 우리는 그 자리를 공석으로 놔두기로 했어.

힌트 neither는 둘을 가리키고, none은 셋 이상을 가리킨다.

20. B

해석 금액이 아무리 작더라도 물건을 사면 반드시 영수증을 받아야 한다.

힌트 each는 단수명사를 취한다.

01. B

해석 북아프리카의 부족들은 사하라남부지역의 부족들과 거의 같은 상황에 있다는 사실을 알게 되었다.
힌트 much the same은 '거의 같은'이란 뜻이다.

02. C

해석 나는 그 스타킹을 절반 가격에 구입했다.
힌트 at은 전치사이므로 맨 앞에 오고, half는 전치한정사이므로 the 앞에 온다.

03. B

해석 용암이 표면에 도달할 때 온도가 끓는 물의 10배에 이를 수 있다.
힌트 ten times는 전치한정사이므로 ten times the temperature와 같이 쓰이지만, 뒤에 명사가 왔으므로 ten times the temperature of라고 해야 한다. 그런데 이미 앞에 temperature가 나와 있으므로 대명사를 쓰는 것이 좋다.

04. B

해석 회의가 계획대로 진행될지 아직은 분명하지 않다.
힌트 형용사 sure는 가주어(it)-진주어(that) 구문을 못 취한다. certain은 가능하다.

05. B

해석 무척이나 아름다운 밤이어서 나는 잠자리에 들고 싶지 않았다.
힌트 so는 〈so + 형용사 + a(n) + 명사〉의 어순을 취한다.

06. C

해석 여성들이 우리의 첫 위대한 업적에 큰 역할을 담당했다.
힌트 〈한정사 + 서수 + 대 · 소〉가 맞는 어순이다.

07. B

해석 시험은 책 전반부에서 나올 것이다. 그것은 15장까지 끝내야한다는 뜻이다.
힌트 chapter fifteen이나 the fifteenth chapter가 맞는 표현이다.

08. B

해석 아무리 심각한 문제를 겪을 지라도 곧 해결해야만 할 것이다.
힌트 however는 〈however + 형용사 + a(n) + 명사〉의 어순을 취한다.

09. E

해석 영화축제와 라이브 오락쇼는 무척이나 관중들을 즐겁게 해주었기 때문에 표가 순식간에 매진되었다.
힌트 복수명사 앞에는 so가 아니라 such를 쓴다.

10. C

해석 리자 미넬리는 나이가 들어감에 따라 어머니 쥬디 갈란드를 더욱 더 닮아가고 있다.
힌트 alike는 명사 앞에 못 온다.

11. A

해석 애니 스미스 펙은 마터호른 봉을 등반했던 최초의 여성이었는데, 마터호른 봉의 높이와 아름다움은 마터호른 봉으로 하여금 고산등반가들의 목표가 되게 만들어주었다.
힌트 형용사 first 앞에는 the가 붙는다.

12. C

해석 잎이 떨어지는 것은 겨울에 나무들이 물을 비축하도록 도와줄 수 있을 것 같다.
힌트 형용사 possible은 가주어(it)-진주어(to V) 구문도 가능하고, 가주어(it)-진주어(that-절) 구문도 가능하다.

13. C

해석 알래스카 에스키모와 북캐나다의 이뉴이트가 쓰는 언어들은 매우 비슷해서 서로 의사소통이 가능하다.
힌트 형용사 앞에는 such가 아니라 so를 쓴다.

14. C

해석 정보가 너무나 많아서 우리는 다 받아들일 수 없었다.
힌트 information은 불가산명사이고, many나 much 앞에는 so를 쓴다.

15. A

해석 허가증을 너무나 신속하게 보내주셔서 정말 고마웠습니다.

힌트 considerate과 같은 사람의 성질을 나타내는 형용사가 나올 때에는 to 부정사의 의미상의 주어 앞에 of를 쓴다.

01. D

해석 TV에서 폭력을 시청하는 것이 아이들을 더 폭력적으로 행동하도록 만드는지의 여부를 결정하기 위해 많은 연구가 시도되어왔다.

힌트 violent가 동사를 수식하므로 부사로 고쳐준다.

02. A

해석 그러나 이년 후에도 법안은 여전히 통과되지 않았다.

힌트 '아직도'란 뜻의 시간부사 still은 부정어 앞에 온다.

03. D

해석 그 차는 내가 기대했던 것보다 훨씬 더 비쌌다.

힌트 비교급을 강조할 때에는 much를 쓴다.

04. D

해석 태양은 자외선의 주요 원천이긴 하지만 유일한 원천인 것은 아니다.

힌트 only가 '유일한'이란 뜻의 형용사로 쓰일 때에는 앞에 the가 붙는다.

05. D

해석 우리는 영화 시작부분을 놓치지 않으면 좋겠는데. 그러려면 일찍 출발해야 할 것 같다.

힌트 앞에 조동사가 왔으므로 동사원형을 먼저 써주어야 하고, enough는 부사로 쓰일 때 뒤에서 수식한다.

06. D

해석 아스파라거스는 대부분의 농작물이 성장할 수 없을 정도로 지나치게 염기가 많은 토양에서도 잘 자란다.

힌트 too much는 불가산명사를 수식하고, much too는 형용사나 부사를 수식한다.

07. C

해석 그는 작업장에 매일같이 늦게 온다.

힌트 late은 '늦게'란 뜻이고, lately는 '최근에'란 뜻이다.

08. A

해석 나는 그녀가 어떻게 생겼는지 거의 잊어버렸다.

힌트 almost와 같은 정도부사는 수식을 받는 표현의 바로 앞에 온다. 문맥상 forgotten을 수식한다. what ~ like는 how와 같은 뜻이다.

09. C

해석 권 감독님은 스텝들이 더 빠르게 일하는 것을 원했다. 그러나 스텝들은 "더 빨리 못해요. 우리도 가능한 범위 내에서 빨리 하고 있어요."라고 말했다.

힌트 very는 원급을 강조할 때 쓴다.

10. B

해석 너한테는 지금 당장 휴가를 갈 정도의 충분한 돈이 있니?

힌트 enough는 to 부정사를 취하고, 명사를 수식할 때에는 앞에 온다.

11. B

해석 요즈음에 TV에는 폭력이 너무 지나치게 많은 것 같다.

힌트 violence는 불가산명사이므로 too much를 써야 한다.

12. B

해석 아마도 달나라로 비행하는데 가장 관심이 있는 과학자는 지질학자인 것 같다.

힌트 most는 최상급이고 mostly는 '주로'란 뜻인데, 문맥상 most가 맞다.

01. C

해석 과학자들은 댐을 만드는 비버의 본능은 어떤 다른 동물들의 본능보다 더 복잡하다고 믿고 있다.

힌트 than 뒤에 〈any other + 단수명사〉가 올 수 있다.

02. A

해석 트럼펫 연주자는 분명 매우 시끄러웠어.나는 시끄러운 것이 싫다기보다는 오히려 재능이 없다는 것이 싫어.

힌트 not A so much as B A라기 보다는 오히려 B이다

03. A

해석 그는 이것이 누구라도 걱정했을 만큼 그 약에는 나쁜 결과라고 주장하지만 그것은 그다지 옳지 않다.

힌트 as는 〈as + 형용사 + a(n) + 명사〉의 어순을 취하고, 명사 result는 for를 취한다.

04. A

해석 제가 아이를 보살펴 본 경험은 어떤 고등학교 보모보다 더 낫지는 않다하더라도 아마도 그만큼은 될 것입니다.

힌트 if not better than ~은 '~보다 더 낫지는 않다하더라도'의 뜻이다.

05. C

해석 그가 동의를 하든 안하든 이것은 그 상황에서 너와 나에게 완벽한 기회였습니다.

힌트 perfect은 최상급이 불가능한 형용사이다.

06. B

해석 조는 쌍둥이들 중에서 키가 더 크다.
힌트 of the twins는 of the two와 같은 표현으로 〈the + 비교급〉을 써야 한다.

07. B

해석 나는 마이크의 조수는 고사하고 마이크도 그다지 유능하다고 생각하지 않아.

힌트 still less 혹은 much less는 부정문에 쓰여 '~는 고사하고'란 뜻을 나타낸다.

08. B

해석 선원들이 그 호수는 배를 정박하려고 하고 있던 지점이 가장 깊다는 사실을 마침내 알게 되었다.

힌트 비교대상이 하나인 경우에는 최상급 앞에 the를 안 붙인다.

09. C

해석 그 식당에서는 둘리 씨가 여태껏 먹어봤던 파이 중에서 가장 맛있는 파이가 나왔다.

힌트 뒤에 ever가 나왔으므로 최상급을 써야 한다.

10. A

해석 최근 연구에 따르면, 사람들의 관심이 다른 신호들의 강도라기보다는 맥락과 의의에 더 끌린다.

힌트 not so much A as B A라기 보다는 오히려 B이다

11. A

해석 그는 두병의 와인과 그만큼의 맥주를 마셨다.
힌트 as much beer란 two bottles of beer와 같은 뜻이다.

12. E

해석 가능한 한 빨리 저에게 답장을 보내주시면 대단이 감사하겠습니다.

힌트 possible과 can을 같이 쓰는 것은 의미중복이다.

13. B

해석 그 건물의 공사가 더 빨리 끝나면 끝날수록 회사들이 새 사무실을 더 빨리 열수 있을 것이다.

힌트 앞에 〈the + 비교급〉이 나왔으므로 〈the + 비교급〉을 써야 하고, 문맥상 the faster가 맞다.

14. A

해석 세계에서 가장 빠른 육지동물인 치타가 사냥으로 거의 멸종위기에 처했다.
힌트 최상급 앞에는 소유격이 올 수 있다.

15. D

해석 그들 둘 모두가 장학금을 받으려고 노력하고 있다하더라도 그의 성적이 더 높다.
힌트 비교대상이 둘일 때에는 비교급을 쓴다.

16. D

해석 자기장이 세면 셀수록 발전기에 의해 생산된 전압이 더 커진다.
힌트 ⟨the + 비교급, the + 비교급⟩ 구문에서는 병치구문을 이루기 때문에 the만 넣어주면 된다.

17. C

해석 일본인들은 미국인들보다 생선을 식용으로 일곱 배나 더 많이 사용한다.
힌트 뒤에 as가 나왔으므로 as를 써야 하고, as ~ as 사이에는 원급을 써주어야 한다.

18. B

해석 어떤 사람들은 일출만큼이나 의지할 수 있고 믿을 만하다.
힌트 긍정문에서는 as ~ as만 가능하다.

19. D

해석 코끼리는 이빨로 1톤씩이나 들 수 있다.
힌트 수사 앞에 as much as를 써주면 '~씩이나'란 뜻이 된다.

20. B

해석 점심계산서가 내가 생각했던 것보다 두 배나 더 많이 나왔다.
힌트 twice는 as ~ as 앞에만 올 수 있다.

01. D

해석 찬성표를 던지려고 계획하고 있는 사람들 중의 3분의 1은 퀘벡 주가 캐나다에서 독립하기를 그다지 원하지 않는다.
힌트 주어 자리에 분수와 같은 부분을 나타내는 표현이 올 때 동사의 수는 ⟨분수 of⟩ 뒤에 나오는 것과 일치된다.

02. B

해석 나는 모임에 참석할 수도 없었고, 참석하고 싶지도 않았다.
힌트 either와 neither는 부사이므로 접속사가 들어가야 두 절이 연결될 수 있다. 그러나 nor는 접속사이므로 다른 접속사가 필요 없다.

03. C

해석 동물원에 잡혀있는 독사들 중에 한 마리도 빠짐없이 모두 야생에서 먹었던 먹이에 맞춰 특별한 종류의 먹이가 필요하다.
힌트 each and every ~도 단수로 일치된다.

04. A

해석 자동출납기는 예금을 하거나 은행계좌에서 현금을 인출하도록 해주는 기계이다.
힌트 등위접속사 or가 나왔으므로 병치구문을 이룬다.

05. D

해석 저는 몇 년 동안 가난한 사람들과 함께 일을 했지만 그들의 문제점을 진정으로 이해했다고는 느끼지 못했습니다.
힌트 대명사 his는 복수명사인 the poor를 가리킨다.

06. C

해석 파산법안은 상환불능인 채무자의 재산을 절차에 따라 공평하게 처분할 목적으로 만들어졌다.
힌트 등위접속사 and가 나왔으므로 병치구문을 이룬다. equitably와 다르게 orderly는 형용사이다.

07. B

해석 구름에서 떨어지는 모든 빗물이 다 땅에 닿는 것은 아니다. 그 중의 일부는 증발을 통해서 손실된다.
힌트 not all ~은 '다 ~하는 것은 아니다'라는 부분부정을 나타낸다.

08. C

해석 우리 룸메이트 둘 모두가 아직 안 왔기 때문에 오늘밤에는 나를 위해서만 요리를 시작해야 할 것 같다.
힌트 neither는 단수 취급이다.

09. C

해석 치타는 불과 짧은 시간 동안만 최대속도로 달릴 수 있다.
힌트 절 앞에 〈only + 부사〉가 나오면 도치된다.

10. B

해석 복학생들의 수가 우리 직원들이 기대했던 것보다 더 많았다.
힌트 the number of ~가 주어 자리에 나오면 동사의 수는 단수로 일치된다.

11. D

해석 토끼의 귀는 개의 귀보다 훨씬 더 길다.
힌트 뒤에 전치사구가 나왔으므로 that이나 those를 써야 하는데, the ears를 가리키는 those가 맞다.

12. C

해석 국제결혼을 하는 사람들이 부딪치는 문제들 중에는 외로움, 오해, 기대차이의 문제들이 있다.
힌트 절 앞에 among ~가 나오면 도치된다.

13. A

해석 하루 중에 이맘 때 쯤이면 번화가에는 항상 교통량이 많다.
힌트 유도부사 there가 나오면 동사의 수는 뒤의 명사와 일치된다.

14. D

해석 제주도에는 철도도 없고 지하철도 없다.
힌트 nor와 같은 부정어가 절 앞에 나오면 도치된다.

15. C

해석
힌트 not ~ until[till]...은 '...하고 나서야 비로소 ~하다'란 뜻이다.

16. B

해석 교사나 아이들이나 교장이 바로 지금 어디에 있는지를 모른다.
힌트 neither A nor B가 주어 자리에 나오면 동사의 수는 B에 일치된다.

17. C

해석 길고 나른한 여름철의 하루 동안 사람들은 마을에 떠도는 소문을 이야기하거나 무의미한 끝없는 졸린 이야기를 하면서 여기 그늘에 앉아 있곤 했다.
힌트 등위접속사 or가 나왔으므로 병치구문을 이룬다.

18. E

해석 토네이도가 일으키는 힘은 대단해서 기관차를 들어 올려 선로에서 탈선시킨다고 알려졌다.
힌트 뒤에 that-절이 나왔으므로 so를 써주어야 하고, 주격보어가 절 앞에 나오면 도치된다.

19. C

해석 유엔이 작성한 조약에 언급된 조건들이 공개되지 않았다.
힌트 주어는 the conditions이다.

20. B

해석 엘렌 리처드가 쓰레기 처리, 수질 정화, 적절한 환기와 관련된 공중위생학이라는 새로운 분야에서 연구를 시작했다.

힌트 등위접속사 and가 나왔으므로 병치구문을 이룬다.

---

21. D

해석 대략 B.C. 2만년이 되어서야 비로소 알려진 가장 오래된 회화가 시작되었다.

힌트 부정어 not until이 절 앞에 나왔으므로 도치된다.

---

22. A

해석 그 지역에서 시간이 나는 지주 중의 한 사람이 범죄를 저질렀다고 알려진 어떤 사람의 소송을 처리하도록 소환되었다고 상상해봅시다.

힌트 one of ~가 주어 자리에 나오면 동사의 수는 단수로 일치된다.

---

23. A

해석 2006년에 발생한 주요 자연재해들이 여기에 리스트로 작성되어있다.

힌트 분사가 절 앞에 나오면 도치된다. 문맥상 과거분사가 맞다.

---

24. D

해석

힌트 앞에 부정문이 나오면 neither를 쓴다.

---

25. B

해석 난 너무 피곤해서 영화를 보러가기보다는 집에 있는 편이 낫겠어.

힌트 앞에 would rather가 나왔으므로 than을 써주고, 비교문이므로 병치구문을 이룬다.

---

26. C

해석 발코니 중앙에 귀빈이 앉았다.

힌트 장소부사가 절 앞에 나올 때 자동사의 경우에는 도치된다. 동사가 현재시제인 경우에는 주어가 단수이므로 단수로 일치된다.

---

27. B

해석 이 집의 방에는 전부 에어컨이 설치되어있다.

힌트 each는 단수 취급이다.

---

28. D

해석 지도자의 능력이 모든 일에 다 적용될 수 있다거나, 역사적 맥락을 벗어나서 가르쳐질 수 있다거나, 모든 상황에서 통치의 비결로 학습될 수 있다고 생각하는 것은 어리석은 짓이다.

힌트 등위접속사 or가 나왔으므로 병치구문을 이룬다. that-절이 병치구문을 이루고 있다.

---

29. C

해석 핵증식로는 에너지를 생성할 수 있을 뿐만 아니라 다른 핵분열 반응기에 연료를 공급하기도 한다.

힌트 부정어 not only가 절 앞에 나왔으므로 도치된다.

---

30. D

해석 어떤 이유 때문인지 그들은 팩스를 받지 못했고 네 편지도 역시 도착하지 않았다.

힌트 부정문에서는 too가 아니라 either를 쓴다.